JN191713

現地在住人オススメの
ルート通りに行くだけ！

いちばんかんたん＆たのしい

大人の台湾案内

＼ 本書のつかい方 ／

現地スタッフが日本から遊びにきた友人を実際に案内したルートを大公開！

週末の短い滞在でも台湾を満喫できるルートを厳選。私たちのたのしかった旅の記録をお見せしちゃいます。さあ、歩きやすい服装で街へ繰り出そう！

1. 今日1日を過ごすメインのテーマからルートを決めよう！

現地スタッフが実際に「連れていきたいところ」「見せたい景色」に加え、友人たちが「行きたい」とリクエストした“リアル”なオススメルートです。

POINT!

午前推奨・午後推奨ルートを設定

ルートは自由に選択してください。でも、夜遅くまでたのしめる台湾では、OPEN時間が遅めのお店が多いので、推奨ルートは参考までに。

とっておきの旅を教えてくれたのは、台湾在住のこのふたり

ケンゴ（小林賢伍）

フォトグラファー。生粋の日本人だが、台湾の自然と先住民の魅力にはまり、移住を決意。「台湾の魅力を伝えてくれる日本人」として、現地メディアにも多数出演。先住民をクローズアップした個展も開くなど、台湾をこよなく愛している。

まる（Tang Maru）

コーディネーター。日本で勤務経験あり。その際、日本人と間違われ「中国語が上手ですね」と言われるほど日本語が堪能。帰国してからは、「日本から来た友人が喜んでくれる場所」を探すのが趣味。常に台湾のよさを伝えたいと思っている。

2. 行きたいルートが決定したら、ルート案内+地図のページでチェック！

ルート案内と地図のページを見開きにまとめました。つまり、行きたいルートのページを開くだけで完結。ページをいったりきたりする手間を省きました。

POINT！

移動の際に必要な情報は、ルート案内に集約しました

タクシーの運転手さんや、地元の人にガイドブックの住所を見せてもわからないと言われるという声を聞きます。実は字の大きさの問題！　本書ではお店の住所表示を大きめにしています。

行先の"ヨミガナ"など、必要情報を素早くチェック

営業時間、休業日の詳細情報はここで。日本語が不可のお店もありますが、チャレンジあるのみ！　指差しなどでオーダー可能なのでご安心を。

3. 徒歩・電車・バス・タクシーの移動手段からいちばん効率がよい移動手段を設定。

短い滞在時間の中では、いかに効率よく回るかがポイント。ルート詳細ページでは、各ルートのオススメポイントが満載です。尚、ルートマップ上の所要時間はおおよその時間です。

目録

もくじ

contents

台湾あれこれ

午前ルート

午後ルート

1DAYトリップ

全ての情報は2018年4月時点のものです。

MRTマップ

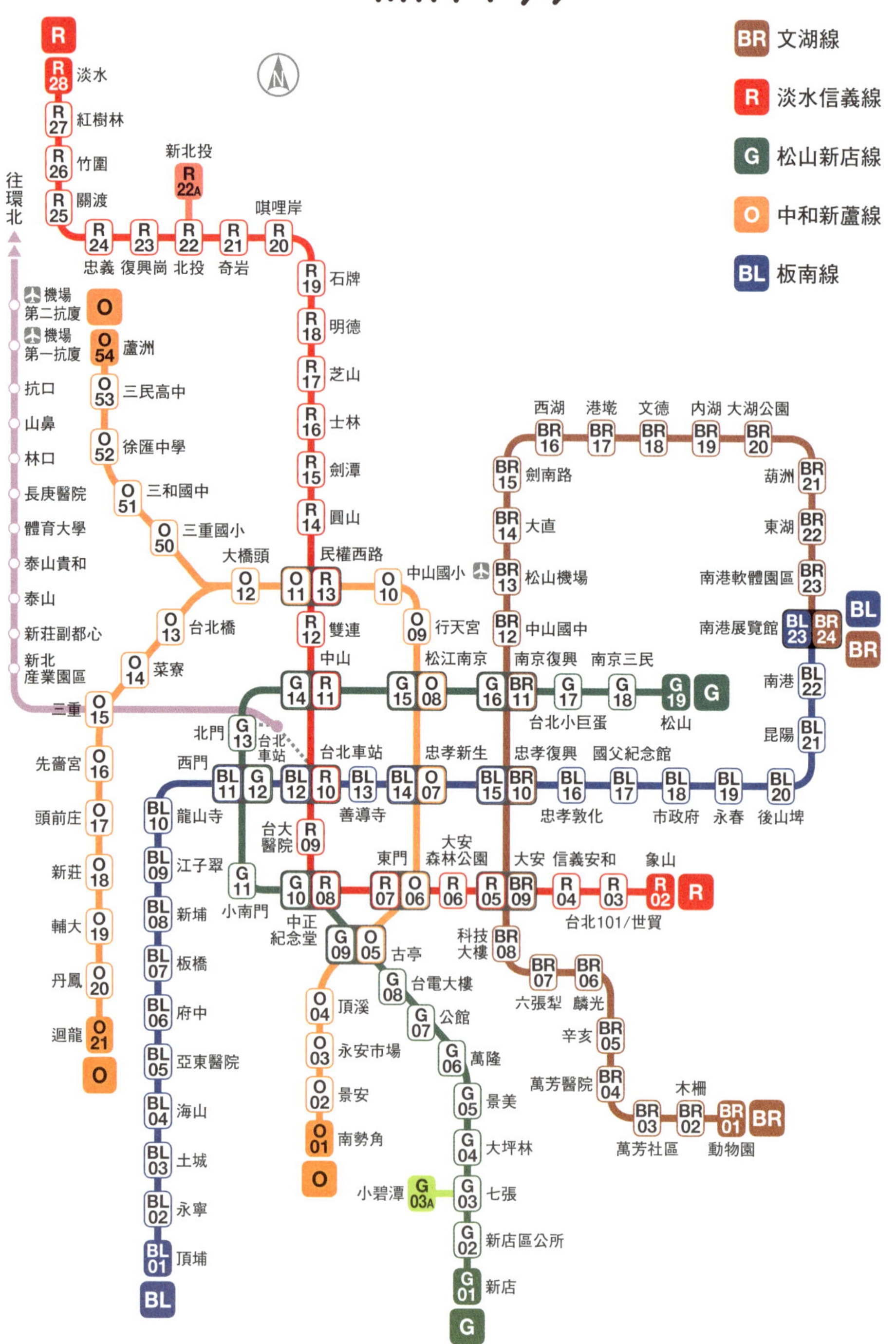
BR 文湖線
R 淡水信義線
G 松山新店線
O 中和新蘆線
BL 板南線
R28 淡水
R27 紅樹林
R26 竹圍
R25 關渡
R24 忠義
R23 復興崗
R22 北投
R22A 新北投
R21 奇岩
R20 唭哩岸
R19 石牌
R18 明德
R17 芝山
R16 士林
R15 劍潭
R14 圓山
R13 民權西路
R12 雙連
R11 中山
R10 台北車站
R09 台大醫院
R08 中正紀念堂
R07 東門
R06 大安森林公園
R05 大安
R04 信義安和
R03 台北101/世貿
R02 象山
往環北
機場第二航廈
機場第一航廈
抗口
山鼻
林口
長庚醫院
體育大學
泰山貴和
泰山
新荘副都心
新北產業園區
三重
台北車站
O54 蘆洲
O53 三民高中
O52 徐匯中學
O51 三和國中
O50 三重國小
O12 大橋頭
O11 民權西路
O10 中山國小
O09 行天宮
O08 松江南京
O07 忠孝新生
O06 東門
O05 古亭
O04 頂溪
O03 永安市場
O02 景安
O01 南勢角
O13 台北橋
O14 菜寮
O15 三重
O16 先嗇宮
O17 頭前庄
O18 新荘
O19 輔大
O20 丹鳳
O21 迴龍
G19 松山
G18 南京三民
G17 台北小巨蛋
G16 南京復興
G15 松江南京
G14 中山
G13 北門
G12 西門
G11 小南門
G10 中正紀念堂
G09 古亭
G08 台電大樓
G07 公館
G06 萬隆
G05 景美
G04 大坪林
G03 七張
G03A 小碧潭
G02 新店區公所
G01 新店
BL23 南港展覽館
BL22 南港
BL21 昆陽
BL20 後山埤
BL19 永春
BL18 市政府
BL17 國父紀念館
BL16 忠孝敦化
BL15 忠孝復興
BL14 忠孝新生
BL13 善導寺
BL12 台北車站
BL11 西門
BL10 龍山寺
BL09 江子翠
BL08 新埔
BL07 板橋
BL06 府中
BL05 亞東醫院
BL04 海山
BL03 土城
BL02 永寧
BL01 頂埔
BR24 南港展覽館
BR23 南港軟體園區
BR22 東湖
BR21 葫洲
BR20 大湖公園
BR19 内湖
BR18 文德
BR17 港墘
BR16 西湖
BR15 劍南路
BR14 大直
BR13 松山機場
BR12 中山國中
BR11 南京復興
BR10 忠孝復興
BR09 大安
BR08 科技大樓
BR07 六張犁
BR06 麟光
BR05 辛亥
BR04 萬芳醫院
BR03 萬芳社區
BR02 木柵
BR01 動物園

午前ルート1

朝市に行こう

午前ルート 1

少し早起きすれば掘り出し物と出会えるかも

夜市など夜は遅くまで遊べる台湾。朝お店が開くのは、遅い時間の印象。
短い滞在時間を、めいっぱいつかいたい。じゃあ、早起きして朝市に行こう

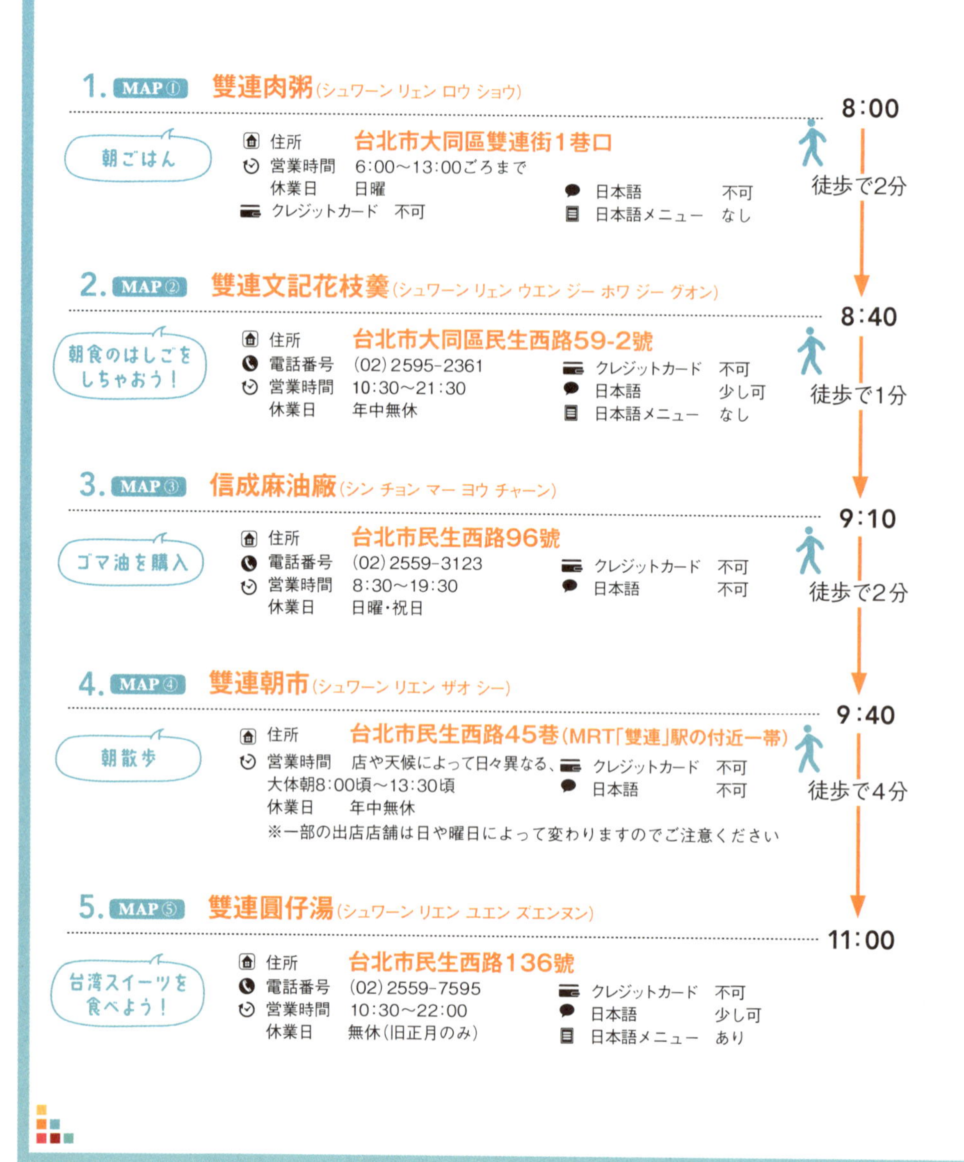

1. MAP① 雙連肉粥(シュワーン リェン ロウ ショウ)　8:00

朝ごはん

- 住所　台北市大同區雙連街1巷口
- 営業時間　6:00～13:00ごろまで
- 休業日　日曜
- クレジットカード　不可
- 日本語　不可
- 日本語メニュー　なし

徒歩で2分

2. MAP② 雙連文記花枝羹(シュワーン リェン ウエン ジー ホワ ジー グオン)　8:40

朝食のはしごをしちゃおう！

- 住所　台北市大同區民生西路59-2號
- 電話番号　(02) 2595-2361
- 営業時間　10:30～21:30
- 休業日　年中無休
- クレジットカード　不可
- 日本語　少し可
- 日本語メニュー　なし

徒歩で1分

3. MAP③ 信成麻油廠(シン チョン マー ヨウ チャーン)　9:10

ゴマ油を購入

- 住所　台北市民生西路96號
- 電話番号　(02) 2559-3123
- 営業時間　8:30～19:30
- 休業日　日曜・祝日
- クレジットカード　不可
- 日本語　不可

徒歩で2分

4. MAP④ 雙連朝市(シュワーン リエン ザオ シー)　9:40

朝散歩

- 住所　台北市民生西路45巷(MRT「雙連」駅の付近一帯)
- 営業時間　店や天候によって日々異なる、大体朝8:00頃～13:30頃
- 休業日　年中無休
- クレジットカード　不可
- 日本語　不可

※一部の出店店舗は日や曜日によって変わりますのでご注意ください

徒歩で4分

5. MAP⑤ 雙連圓仔湯(シュワーン リエン ユエン ズエンヌン)　11:00

台湾スイーツを食べよう！

- 住所　台北市民生西路136號
- 電話番号　(02) 2559-7595
- 営業時間　10:30～22:00
- 休業日　無休(旧正月のみ)
- クレジットカード　不可
- 日本語　少し可
- 日本語メニュー　あり

新幹線、MRT（地下鉄）や台鉄（在来線）、そして台湾各地へ向かう高速バスの起点となる高速バスターミナルもある台北駅。午前ルートでは、この台北駅からの所要時間をご案内しますので、移動時間の参考に。

BL 12 R 10 台北車站駅→ R 12 雙連駅３分 TAXI タクシー6分 徒歩25分

※乗り換えなどの徒歩は含みません

肉粥（30元）炸豆腐（20元）炸天婦羅・炸焼肉（40元）

しっかり水切りされた
豆腐が

どんどん揚げられて
いきます

雙連肉粥
（シュワーン リェン ロウ ジョウ）

MAP①

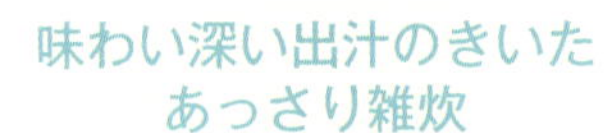

味わい深い出汁のきいた あっさり雑炊

細かくカットしてある肉と小ぶりの牡蠣やしいたけ等が入っていて、お粥というよりは雑炊。サイドメニューの炸（=揚げた）豆腐や、炸天婦羅（さつま揚げのようなもの）も揚げたてをアツアツで提供してくれます。

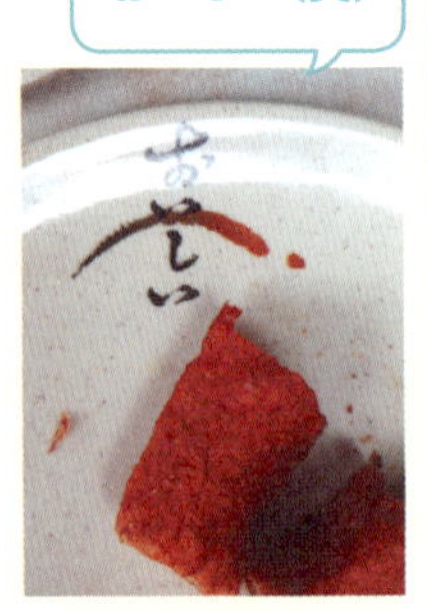

お支払いはこちらで
食後でOK

旨みが詰まっています

冰讚（ビン ザン）

このお店の向かいには、日本でも有名な、マンゴーの美味しい季節にだけ営業するかき氷屋さんがあります。営業日はネットなどでチェックしてから行こう

オーナーの林(リン)さんは日本語が話せるので安心。日本語レシピも、お店にあるよ!

日本に持ち帰ると伝えると、梱包材で包んでくれます

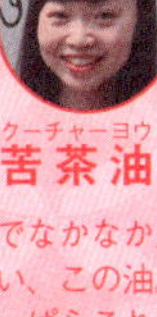

クーチャーヨウ
苦茶油

日本でなかなか見かけない、この油。私はもっぱらこれを愛用しています。胃への負担が少なく、アンチエイジング効果も高いそう(まる)

BOXを別途購入すれば立派なギフトにも(10元)

信成麻油廠
(シン チョン マー ヨウ チャーン)

MAP③

日本からきた友人たちのマストバイ土産 100%ゴマ油は香りが違います

百年以上の伝統あるお店だけが許される"百年老店"の称号をもつお店。品質保持にもこだわり、一貫として自社製造なところもオススメできるポイント。この味が忘れられないとお土産にリクエストされることも。

しゃぶしゃぶのタレにもオススメ

濃厚な胡麻ペースト

花枝羹(55元)米粉炒(30元)

羹(グォン)とはとろみのあるスープのことです

雙連文記花枝羹
(シュワーン リェン ウエン ジー ホワ ジー グォン)

MAP②

イカのふわとろ すり身団子が絶品です

朝ごはんのハシゴをしちゃいましょう。とっても優しい味のイカのとろみスープが朝にぴったり。上にパクチーが乗っているので、嫌いな人は**「不要香菜(プーヤオシャンツァイ)」**と、抜いてもらうのを忘れずに。

採れたてなので野菜の色も鮮やか

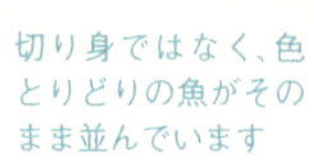

切り身ではなく、色とりどりの魚がそのまま並んでいます

せっせと無言でワンタンを作り続けるおばさん

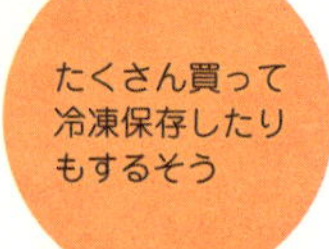

雙連朝市
（シュワーン リエン ザオ シー）

MAP④

基本的に毎日開催されているので、週末もOK。早起きして午前中を有効利用

人の住んでいるところに朝市あり。活気のある地元の人の生活が垣間見られます。露店には生鮮食品から雑貨まで。午前8時半ごろから人が増えていき、正午過ぎにはお店が閉まりはじめます。

日本人だとわかれば、みんなカタコトの日本語で話しかけてくれて親切。試食もすすめられて、お腹いっぱいになることも（ケンゴ）

お昼が近づくにつれて人が増えてきます

しなびないように水をかけないとね

色の鮮やかさに、思わず吸い寄せられる

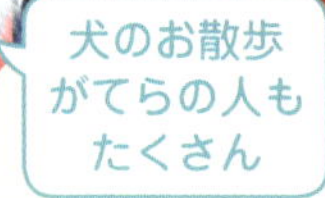

犬のお散歩がてらの人もたくさん

朝市にシェフを発見しました

おかずのバリエーションも多い

台湾では、人々の生活のそばにいつも神様がいます

行列に並んでもすぐ買えるよ！

注意！

混雑の中、バイクがぐんぐん入ってきてびっくり

黒木耳露（きくらげ）ドリンク

意外とくせのない味。アンチエイジングによい食材だそうです（まる）

バーゲン会場のようにごった返す

樟脳=クスノキのアロマオイル

日本の干柿よりもやわらかくてトロっとした食感の柿餅

可愛い雑貨の掘り出し物も

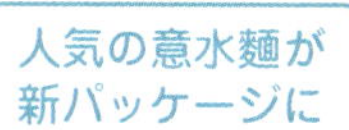

人気の意水麺が新パッケージに

つるつる食感が美味しい意水麺は（120元）

日本でおにぎりを買う感覚でチャーハン

できたてゴマペーストを瓶につめます

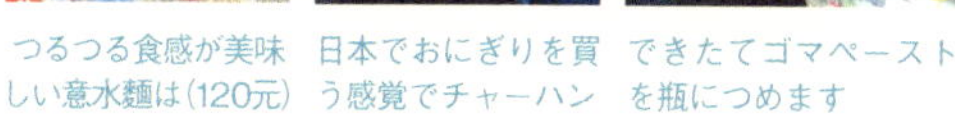

芝麻醬（200元）

駅のほうに戻る場合、朝市の隣にある公園を通ると早い！（ケンゴ）

雙連圓仔湯
（シュワーン リエン ユエン ズエンヌン）

MAP⑤

緑豆やタロイモを使用した台湾スイーツを、老舗店でいただこう

昔ながらの味がたのしめる台湾スイーツのお店。日本語メニューがあるのも安心。看板メニューはかき氷（冬はおしるこ）と燒麻糬（シャウマーショウ）は“揚げきなこ餅”とありますが、実際はゴマとピーナッツがまぶしてあるものです。

燒麻糬は、お餅を油で“煮て”います。ふわふわモチモチで油っこくないのは不思議。どちらかというと甜（甘い）のほうが人気

いろんな組み合わせで
75元〜120元

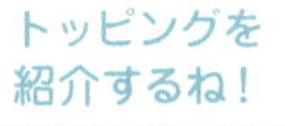

60年以上続く老舗店だけれど、店内は近年改装され、モダンでキレイ

燒麻糬（75元 /2個）
甜（甘い）or鹹（しょっぱい）の2種類

かき氷トッピング一覧			
芋 泥	タロイモペースト	燕 麥	オートミール
		紅 豆	あずき
花 豆	うずら豆	芋 塊	タロイモ
花 生	ピーナッツ	福 圓	乾燥龍眼
西米露	タピオカ	湯 圓	白玉
麥 片	オート麦	可 可	ココア
緑 豆	緑豆	牛 奶	無糖牛乳
白木耳	白きくらげ	芋 圓	タロイモ団子
鳳 梨	パイナップル	蓮 子	蓮の実

午前ルート 2

下町を探索しよう！

午前ルート 2

下町情緒いっぱいのエリアをテクテク探索

このエリアは新北市という台北市の隣の市になりますが、MRTであっという間に到着。
庶民派グルメは安くてボリューム満点。古きよき時代の雰囲気をたのしもう！

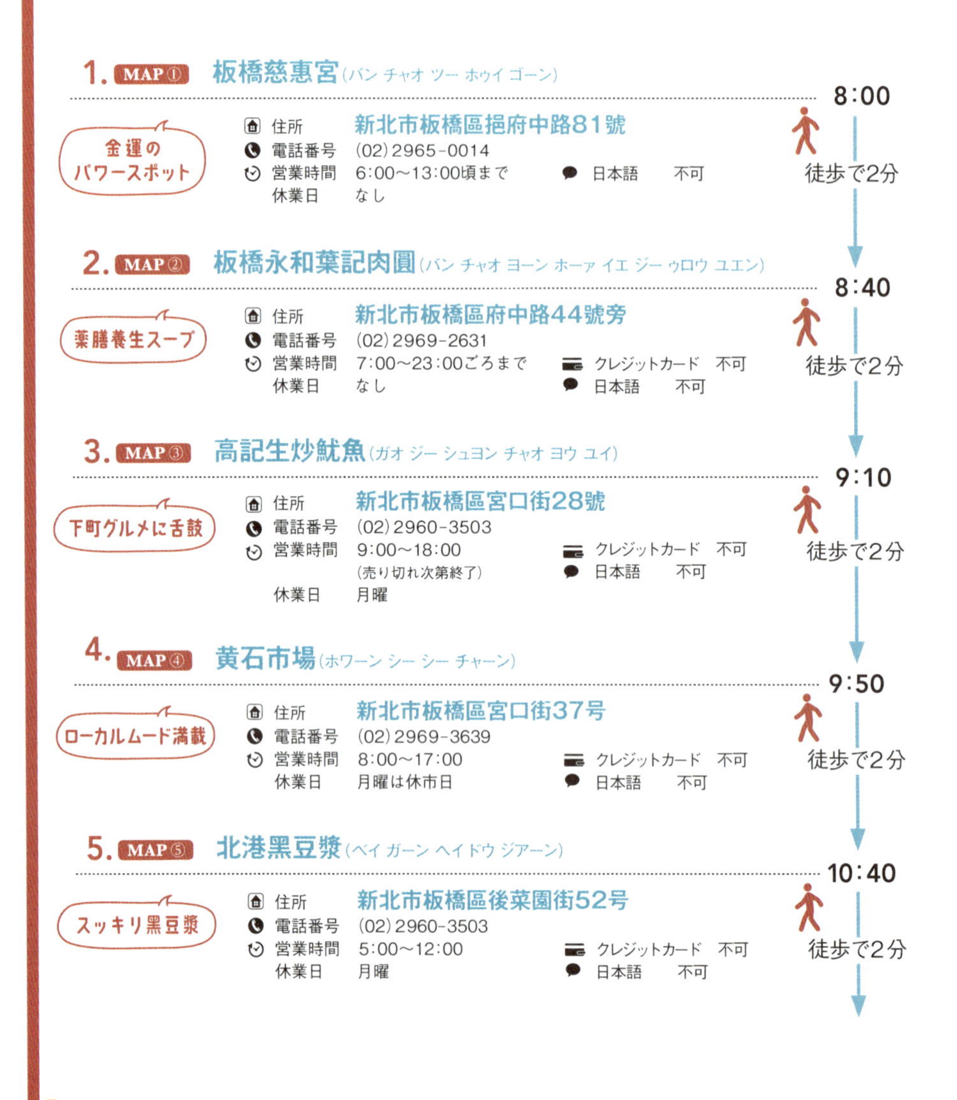

1. MAP① 板橋慈惠宮（バン チャオ ツー ホゥイ ゴーン）

8:00

金運のパワースポット

- 住所 新北市板橋區挹府中路81號
- 電話番号 (02) 2965-0014
- 営業時間 6:00～13:00頃まで
- 休業日 なし
- 日本語 不可

徒歩で2分

2. MAP② 板橋永和葉記肉圓（バン チャオ ヨーン ホーァ イエ ジー ゥロウ ユエン）

8:40

薬膳養生スープ

- 住所 新北市板橋區府中路44號旁
- 電話番号 (02) 2969-2631
- 営業時間 7:00～23:00ごろまで
- 休業日 なし
- クレジットカード 不可
- 日本語 不可

徒歩で2分

3. MAP③ 高記生炒魷魚（ガオ ジー シュヨン チャオ ヨウ ユイ）

9:10

下町グルメに舌鼓

- 住所 新北市板橋區宮口街28號
- 電話番号 (02) 2960-3503
- 営業時間 9:00～18:00（売り切れ次第終了）
- 休業日 月曜
- クレジットカード 不可
- 日本語 不可

徒歩で2分

4. MAP④ 黄石市場（ホワーン シー シー チャーン）

9:50

ローカルムード満載

- 住所 新北市板橋區宮口街37号
- 電話番号 (02) 2969-3639
- 営業時間 8:00～17:00
- 休業日 月曜は休市日
- クレジットカード 不可
- 日本語 不可

徒歩で2分

5. MAP⑤ 北港黑豆漿（ベイ ガーン ヘイドウ ジアーン）

10:40

スッキリ黑豆漿

- 住所 新北市板橋區後菜園街52号
- 電話番号 (02) 2960-3503
- 営業時間 5:00～12:00
- 休業日 月曜
- クレジットカード 不可
- 日本語 不可

徒歩で2分

  台北車站駅→  府中駅14分 TAXI タクシー16分

※乗り換えなどの徒歩は含みません

6. MAP⑥ 在一起 One&Together(ザイチー)

11:00

穴場的カフェ

- 住所 新北市板橋區文昌街24巷9號
- 電話番号 (02)2271-0506
- 営業時間 9:30〜19:30
- 休業日 月曜
- クレジットカード 不可
- 日本語 不可

徒歩で2分

7. MAP⑦ 林本源園邸(リン ベン ユエン ユエン ディー)

11:50

タイムスリップ！

- 住所 新北市板橋區流芳里西門街9號
- 電話番号 (02)2965-3061
- 営業時間 9:00〜17:00(入園は16:00まで)金曜は19:00まで延長
- 休業日 第1月曜日(祝日の場合は翌日に振替)、旧暦の大晦日と元日
- 入場料金 80元
- 日本語案内のサービス 有(ボランティアガイド手配のため、1週間前までに要予約)

徒歩で5分

8. MAP⑧ 秋香ㄟ店(チウ シアーンエ ディエン)

13:00

ほかほかおこわ

- 住所 新北市板橋區宮口街2號
- 電話番号 (02)8969-9116
- 営業時間 11:00〜20:00
- 休業日 日曜
- クレジットカード 不可
- 日本語 不可

屋根の交趾焼（コーチやき）

板橋慈惠宮
（バン チャオ ツー ホゥイ ゴーン）

MAP①

慈愛に満ちた美しい女性の神様

媽祖（航海の神様）を祀る媽祖廟のひとつ。昔、お寺の後ろに台湾で一番のお金持ちとされ有名だった郭台銘氏が住んでいたことから、商売繁盛のパワースポットとしても知られています。

高記生炒魷魚
（ガオ ジー シュヨン チャオ ヨウ ユイ）

MAP③

これぞ売り切れ御免の下町グルメ

右側の屋台では、プリプリイカの餡かけスープ、左側では3種類の揚げものが注文できます。炸蘿蔔糕は大根餅、芋粿Qは練ったタロイモ、糯米腸はモチ米のソーセージを揚げたもの。

炸蘿蔔糕（20元）
芋粿Q（15元）
糯米腸（10元）

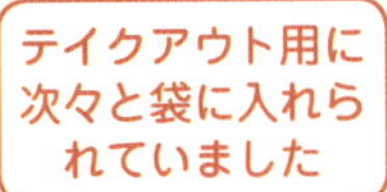

高記生炒魷魚では材料の値段があがり、45元に値上げするんだって（ケンゴ）

甘酸っぱくてピリ辛

  台北車站駅→ BL 06 府中駅14分 TAXI タクシー16分

※乗り換えなどの徒歩は含みません

6. MAP⑥ 在一起 One&Together(ザイチー)

11:00

穴場的カフェ

- 住所 新北市板橋區文昌街24巷9號
- 電話番号 (02)2271-0506
- 営業時間 9:30〜19:30
- 休業日 月曜
- クレジットカード 不可
- 日本語 不可

徒歩で2分

7. MAP⑦ 林本源園邸(リン ベン ユエン ユエン ディー)

11:50

タイムスリップ!

- 住所 新北市板橋區流芳里西門街9號
- 電話番号 (02)2965-3061
- 営業時間 9:00〜17:00(入園は16:00まで)金曜は19:00まで延長
- 休業日 第1月曜日(祝日の場合は翌日に振替)、旧暦の大晦日と元日
- 入場料金 80元
- 日本語案内のサービス 有(ボランティアガイド手配のため、1週間前までに要予約)

徒歩で5分

8. MAP⑧ 秋香ㄟ店(チウ シアーンエ ディエン)

13:00

ほかほかおこわ

- 住所 新北市板橋區宮口街2號
- 電話番号 (02)8969-9116
- 営業時間 11:00〜20:00
- 休業日 日曜
- クレジットカード 不可
- 日本語 不可

屋根の交趾焼（コーチやき）

板橋慈惠宮
（バン チャオ ツー ホゥイ ゴーン）

MAP①

慈愛に満ちた美しい女性の神様

媽祖（航海の神様）を祀る媽祖廟のひとつ。昔、お寺の後ろに台湾で一番のお金持ちとされ有名だった郭台銘氏が住んでいたことから、商売繁盛のパワースポットとしても知られています。

三階建ての廟なので階段を昇ります

高記生炒魷魚
（ガオ ジー シュヨン チャオ ヨウ ユイ）

MAP③

これぞ売り切れ御免の下町グルメ

右側の屋台では、プリプリイカの餡かけスープ、左側では3種類の揚げものが注文できます。炸蘿蔔糕は大根餅、芋粿Qは練ったタロイモ、糯米腸はモチ米のソーセージを揚げたもの。

炸蘿蔔糕（20元）
芋粿Q（15元）
糯米腸（10元）

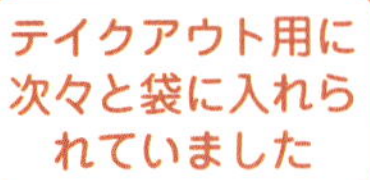

新鮮なイカ！

高記生炒魷魚では材料の値段があがり、45元に値上げするんだって（ケンゴ）

甘酸っぱくてピリ辛

四神とは、淮山（山葯）（ワイザン）、蓮子（レンシ）、茯苓（ブクリョウ）、芡実（ケツジツのこと）（まる）

板橋永和葉記肉圓
（バン チャオ ヨーン ホーァ イエ ジーゥロウ ユエン）

MAP②

朝から手軽に取り入れられる漢方パワー

四神湯といわれる薬膳（山葯・蓮子・茯苓・芡実）と豚のモツを煮込んだスープ。プリプリの旨味がつまった肉圓は食べたあとに、体の芯が温まります。

黄色い看板を目印に見つけよう

臭みがないのは、新鮮なモツだから

肉圓（40元）
四神湯（50元）

北港黑豆漿
（ベイ ガーン ヘイ ドウ ジアーン）

MAP⑤

珍しい黒豆の豆漿が看板メニュー

こちらの豆漿（豆乳）は黒豆。普通の豆漿と比べ、香ばしい風味が特徴。おやきのようなパンは、甘い餡とおかず餡があるので、お好みを選んで、食べ歩きのお供に。

黒豆漿（25元／大1杯）
（20元／小1杯）

ホカホカでき立てのおこわ美味しそう！

秋香ㄟ店
（チウ シアーンエ ディエン）

MAP⑧

蒸したてのおこわの湯気に引き寄せられる

油飯という台湾風おこわのお店。豚肉としいたけもたっぷり入っていて美味しい。ただ開店が11時なので朝は食べられないので、帰りがけにテイクアウトするのがオススメです。

いちばん人気だった、手作りワンタンのお店

日本では見かけない珍しい果物たち

自助式（セルフサービス）の食事ができるお店が豊富

市場の中でも老舗。台東産のチキン

おじいちゃんが腕ひとつで一本釣り！

「鱸（ルーユー）」日本名は「スズキ」。怪我も食べて治すのが台湾流！ 手術のあとに食べたりしますよ（まる）

屋台のお皿もカラフルで可愛い

黄石市場
（ホワーン シー シー チャーン）

MAP④

美味しいローカルグルメの宝庫。値段もボリュームも大満足

もともとは地元住民が生鮮食材の買い出しを行う、普通のローカル市場でした。それが、近年新しいグルメを求める観光客に人気急上昇。市場といっても、ゆっくりスタートのお店も多いようです。

こちらのカウンターで注文します

炭で炒った龍眼という漢方の一種

愛嬌のあるエビのキーホルダー

よく見たら"お盆"がレコードでした

ジャムなど試食可能な食品もあり

在一起 One&Together
（ザイチー）

MAP⑥

裏道で偶然見つけた、カフェ&セレクトショップでひと休み

出版社の元編集長だったオーナーが、「生産者と消費者をつなぎたい」という気持ちでセレクトした、台湾各地の名産品等が並びます。光が溢れるとても開放的で気持ちのよい空間に、思わず誘われます。

実は空港からのMRTで可愛いなと手に取ったガイドブックが、こちらの制作したのものでした

ラインナップは不定期で変わります

路上床屋のいる角を曲がったところで、このお店を発見しました

優雅で繊細な装飾の数々に、当時の様子を想像してうっとり

瓶の形の飾り窓は、平穏無事の象徴だそう

林本源園邸

（リン ベン ユエン ユエン ディー）

MAP⑦

まるで映画のセットのよう。清朝末期の、とても貴重な建物

昔の豪商は住まいに快適さを求め、精美な住居と、客人をもてなすための優雅な庭園を造ったそう。清朝末期の建物で、ここまで完璧に保存されているものは数少なく、とても貴重で、国定古跡に指定されています。

この天井の装飾は「白鶴朝陽」と呼ばれ、林家の永遠の幸せを願う象徴です

入場料（80元）

敷地を囲む塀の上には、防犯のためのガラスが

時間があればもうひとつの林家へ行ってみよう 【MAPはP25にあるよ】

台北に残る建物の中では最も保存状態のよい古民家

林安泰古厝

（リン アン タイ グゥ ツゥオ）

どこを撮っても絵になる。ゆっくり時間のある時に訪れるのがベスト

200年以上前に建てられた、現在の迪化街エリアで商売を営み、財を成した林家の邸宅。建物内部も見学することができ、当時実際に使用されていた家具や、台所道具など、当時の生活風景を見ることができます。

住所　台北市中山區濱江街5號
電話番号　(02)2599-6026
営業時間　9:00～17:00
休業日　月曜、春節（旧正月）、清明節、端午節、中秋節）

午前ルート 3

週末ファーマーズマーケット

午前ルート 3

週末限定の美味しい物をいっぱい食べよう

食べたい物、欲しい物があっても、短い期間だと時間が足りない。
でもここに来たら、入手しにくい人気商品や地方限定品をゲットできてしまうのです。

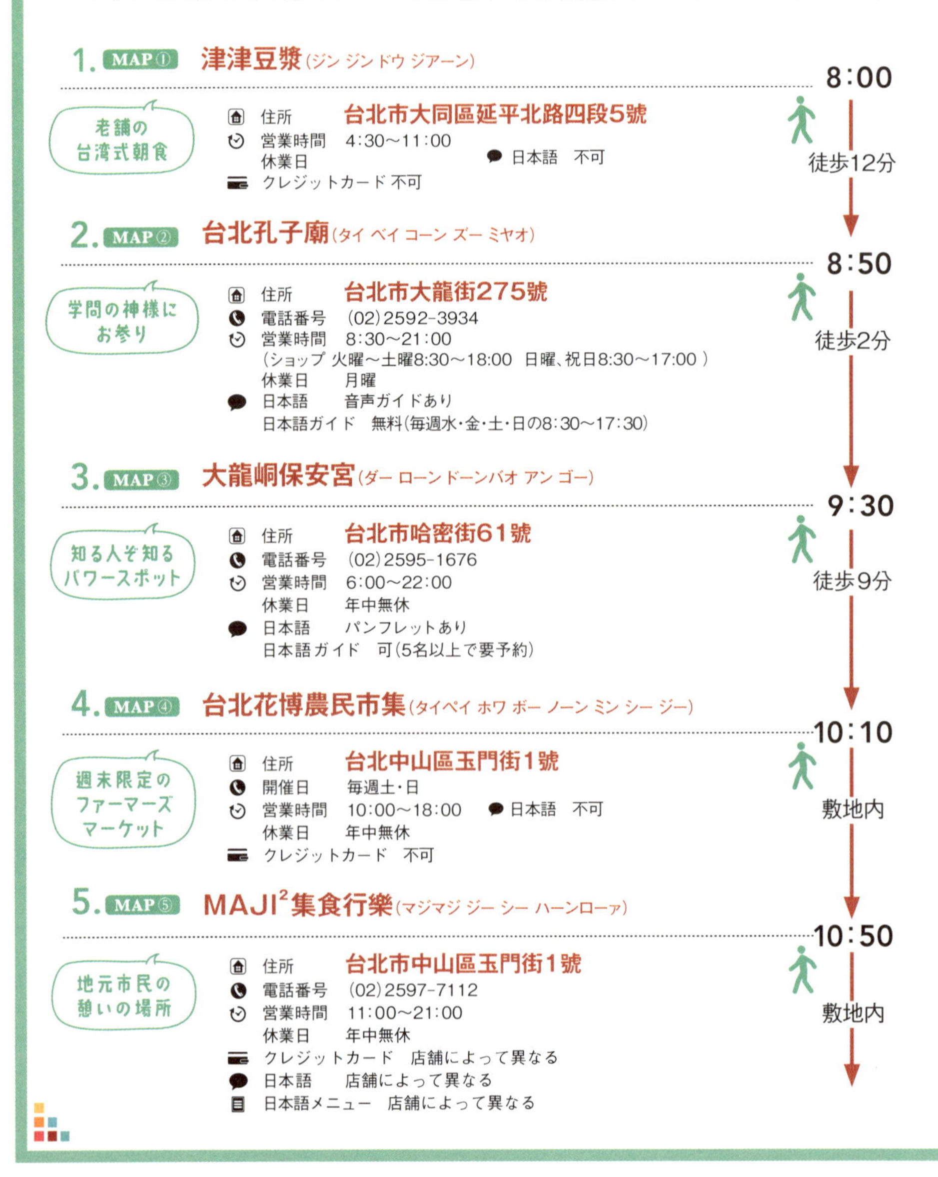

1. MAP① 津津豆漿(ジン ジンドウ ジアーン)

8:00

老舗の台湾式朝食

住所　台北市大同區延平北路四段5號
営業時間　4:30〜11:00
休業日
日本語　不可
クレジットカード 不可

徒歩12分

2. MAP② 台北孔子廟(タイ ベイ コーン ズー ミヤオ)

8:50

学問の神様にお参り

住所　台北市大龍街275號
電話番号　(02)2592-3934
営業時間　8:30〜21:00
(ショップ 火曜〜土曜8:30〜18:00 日曜、祝日8:30〜17:00)
休業日　月曜
日本語　音声ガイドあり
日本語ガイド　無料(毎週水・金・土・日の8:30〜17:30)

徒歩2分

3. MAP③ 大龍峒保安宮(ダー ローンドーンバオ アン ゴー)

9:30

知る人ぞ知るパワースポット

住所　台北市哈密街61號
電話番号　(02)2595-1676
営業時間　6:00〜22:00
休業日　年中無休
日本語　パンフレットあり
日本語ガイド　可(5名以上で要予約)

徒歩9分

4. MAP④ 台北花博農民市集(タイペイ ホワ ボー ノーン ミン シー ジー)

10:10

週末限定のファーマーズマーケット

住所　台北中山區玉門街1號
開催日　毎週土・日
営業時間　10:00〜18:00
日本語　不可
休業日　年中無休
クレジットカード　不可

敷地内

5. MAP⑤ MAJI²集食行樂(マジマジ ジー シー ハーンローァ)

10:50

地元市民の憩いの場所

住所　台北市中山區玉門街1號
電話番号　(02)2597-7112
営業時間　11:00〜21:00
休業日　年中無休
クレジットカード　店舗によって異なる
日本語　店舗によって異なる
日本語メニュー　店舗によって異なる

敷地内

おススメ

  台北車站駅→ ❶ 津津豆漿まで TAXI タクシー10分

  台北車站駅→ O 12 大橋頭駅9分→ ❶ 津津豆漿まで 徒歩10分

※乗り換えなどの徒歩は含みません

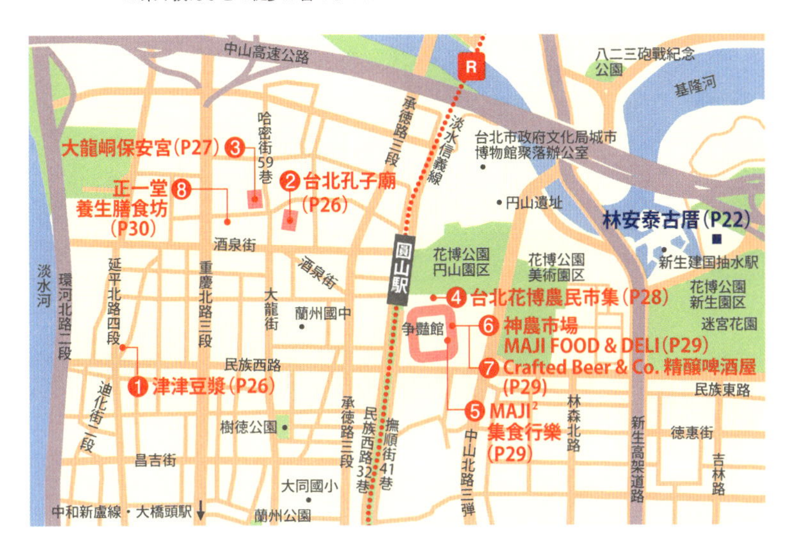

6. MAP⑥ 神農市場 MAJI FOOD & DELI (シェン ノーン シー チャーン) (MAJI内)

ここでお土産調達もオススメ

- 住所 **MAJI²集食行樂内**
- 電話番号 (02) 2597-7126
- 営業時間 11:00〜21:30 (土・日10:30〜21:30)
- 休業日 年中無休
- クレジットカード 可

敷地内

7. MAP⑦ Crafted Beer & Co. 精釀啤酒屋 (ジーン ニヤーン ピー ジョウー)

11:30

- 住所 **MAJI²集食行樂内**
- 電話番号 (02) 2597-7126
- 営業時間 16:30〜23:00 (火・木) 〜23:30 (金) 12:00〜23:30 (土) 〜21:30 (日)
- 休業日 月曜
- クレジットカード 可
- 日本語 不可

徒歩9分

8. MAP⑧ 正一堂養生膳食坊 (ジュヨン イー ターン ヤーン シュヨン シャン シー ファーン)

12:15

薬膳スープでランチ

- 住所 **台北市大同區哈密街118號**
- 電話番号 (02) 2591-9631
- 営業時間 11:00〜20:00
- 休業日 日曜
- クレジットカード 不可
- 日本語 不可

左：鹹豆漿(25元) 右：蛋餅(35元)

いちばん右の赤いソースが美味しい

照れ臭そうにカメラにパチリ

英語メニューがあります

揚げたてサクサクパイのよう

ひっきりなしに人が訪れます

津津豆漿
（ジン ジン ドウ ジアーン）

MAP①

揚げたてサクサクの揚げ蛋餅

こちらの蛋餅（台湾式クレープ）は、たっぷりのニラと卵をはさんだものを揚げているのが特徴です。鹹豆漿は豆乳が濃く感じられとってもクリーミー。

台北孔子廟
（タイ ペイ コーン ズー ミヤオ）

MAP②

学問の神様

思想家・教育家で儒教の創始者、孔子様を祀った寺廟。緑も多くのんびり園内を散歩するのもオススメ。

厳かな雰囲気の「大成殿」

お土産に好きな文字を書いてくれます

入口のすぐ横にインフォメーション

天井の端には福を招くというコウモリが

可愛い孔子様グッズもチェックして

荘厳で美しい建築様式もチェック

煌びやかだけれど、重厚感のある佇まいの祭壇

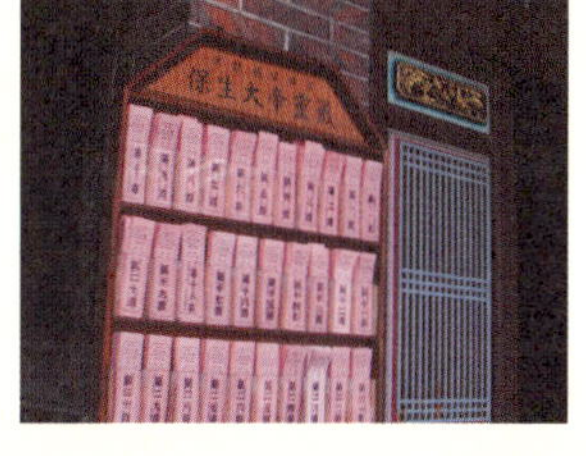

おみくじの結果は入口の左側にあります

庭園内の池には鮮やかな龍がいました

赤い木片を地面に投げるのが台湾式おみくじ

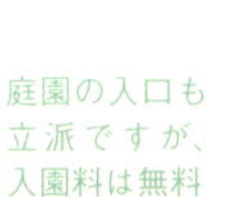

庭園の入口も立派ですが、入園料は無料

お年寄りたちが日本の歌を歌っていました

色鮮やかで日本にはない色彩です

大龍峒 保安宮
(ダー ローン ドーンバオ アン ゴーン)

MAP③

医学の神様に「健康＆長寿」を祈ろう

境内は静寂な空気に包まれ、多くの地元の人々が熱心に参拝しています。お参りだけではなく、重厚な建物の細部の美しい装飾も見どころです。向かいの庭園も散策してみて。

ブルーのキレイなお茶、蝶豆花。台湾産です

できたては美味しい！

香ばしいエビのお菓子

濃厚なジュースは甘ずっぱい

ヘチマは1本（130元）

そうめんや野菜炒めに万能調味料！

お湯に溶かすとくず湯のように

乾燥されたレンコン

鴨葱油は今回の最大ヒット商品

たくさん試飲させてもらいました。宜蘭産のオーガニックティー

台北花博農民市集
（タイペイ ホワ ポー ノーン ミン シー ジー）

MAP④

週末限定のファーマーズマーケット

広大な花博公園の入口付近で開催。広々した場所に、各地の名産が並びます。生野菜等は日本にもちかえれませんが、見ているだけでたのしい。

MAJI²集食行樂
（マジマジ ジー シー シーンローァ）

MAP⑤

「MAJI」は中国語の麻吉（親友の意味）の韻から取ったもの

文化、音楽、グルメ、農産品、パフォーマンスアートが融合するレジャースポットは、1日いても飽きない。公園も隣接し、天気のよい日は地元の人たちでにぎわいます。

フードコートで小腹を満すこともできます

パーソナルカラオケBOX！音漏れはなしです！

子どももたのしめるので、家族連れが目立つ

MAJIオリジナルのエコバック

台湾は今までパッケージを気にしない文化でしたが、最近ではこちらのようなおしゃれなパッケージのお店が増えてきました（まる）

神農市場 MAJI FOOD & DELI
（シェン ノーン シー チャーン）

MAP⑥

自然派食品系スーパー

食へのこだわりをもったオーナーが選りすぐった品々は目移りするほどのラインナップ。他では手に入らなかった人気品物もここで入手できることも。

Crafted Beer & Co. 精釀啤酒屋
（ジーン ニャーン ピー ジョウー）

MAP⑦

クラフトビールが飲みたければ

台湾産のビールが飲みたい時は、ここで。その日タップ（ビールの注ぎ口）とつながっている銘柄は、その場で飲めます。

とにかく品揃えが豊富です

瓶は割れないようにパッキングしてもらいましょう

台中の本店でも売り切れの今日蜜麻花元家

棚にずらっとキレイに並んだ食品

虱目魚肚(220元)

正一堂養生膳食坊

(ジュヨン イーターン ヤーン シュヨン シャン シー ファーン)

MAP⑧

漢方薬局に併設された薬膳レストラン

四物虱目魚肚

香椿麵線

漢方薬局に併設された薬膳レストランでいただく養生膳。スープの具を選び、次にスープの味(効果)を選びます。すべて野菜1品とそうめん(ゴマ油or香椿)と、漬物付き。

「正一堂」と看板がたくさん

十全加味は筋肉痛にも効果あり

スープの味(効果)	
十全加味	疲労・衰弱している人の気力と体力を補う
四物味	乾燥肌のトラブルや冷え症の改善にも
人参加味	食欲不振、疲労倦怠、傷や咳の改善
涼補元気	免疫力を高め、風邪予防に効果あり

棚にはずらっと漢方が並びます

漢方が合う合わないが心配な人は、涼補元気を選ぶとよいと思います(まる)

午前ルート 4

迪化街を満喫

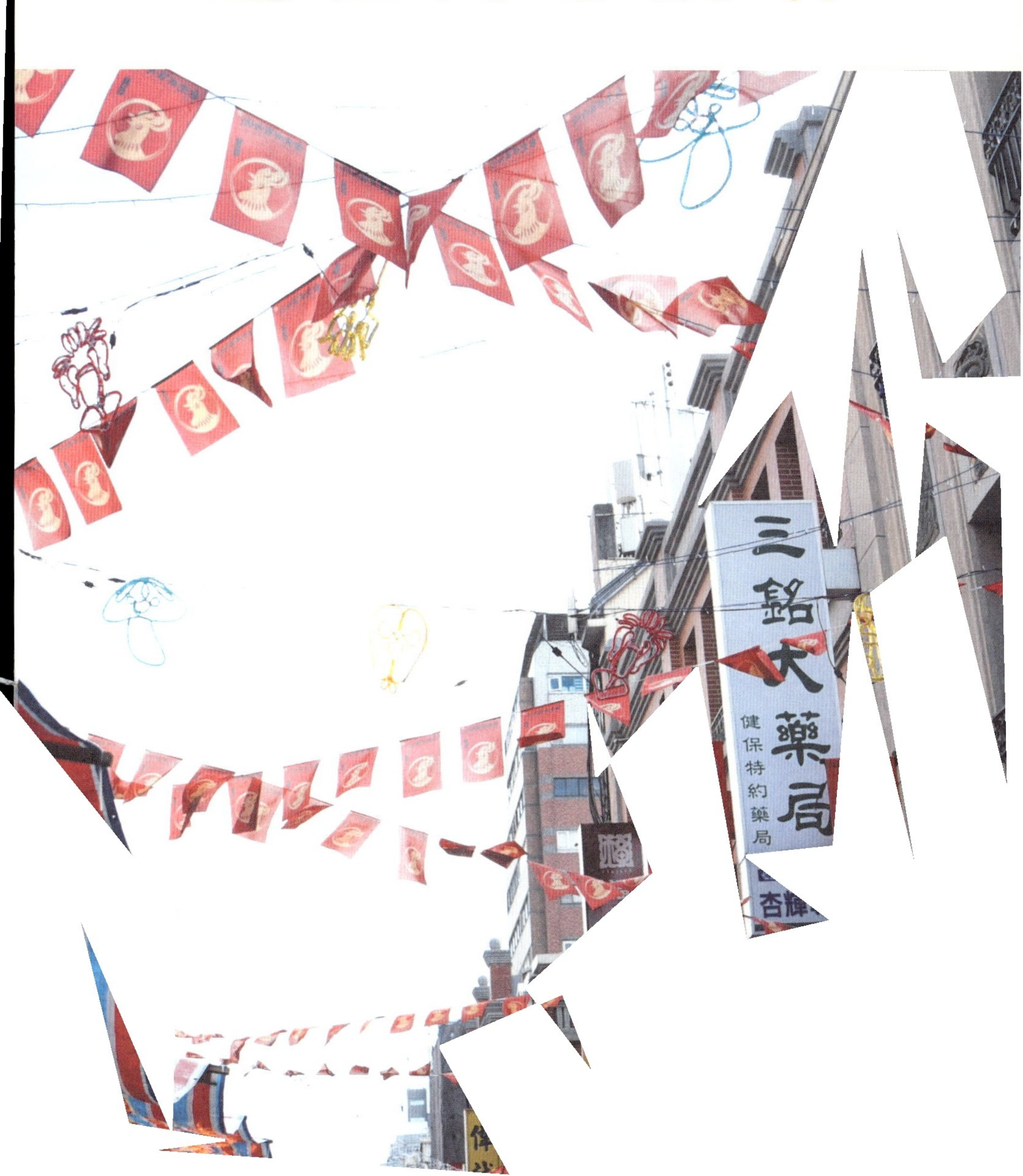

午前ルート 4

王道・迪化街の本当のオススメ店をご紹介

台湾のアメ横。旧正月前は食材を求める地元の人でごった返します。
ドライフルーツなどの乾物や台湾らしい小物など、お土産はここで調達。

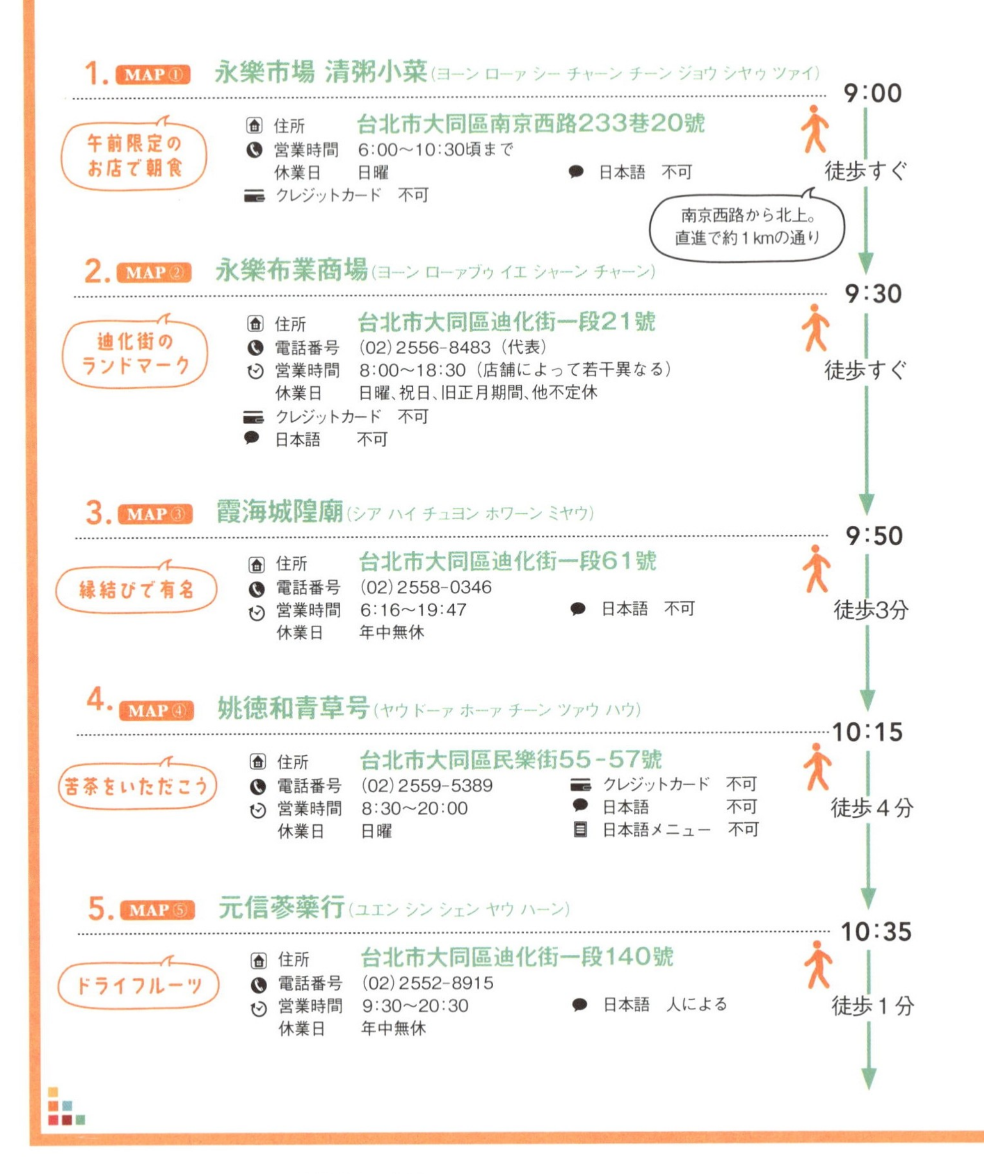

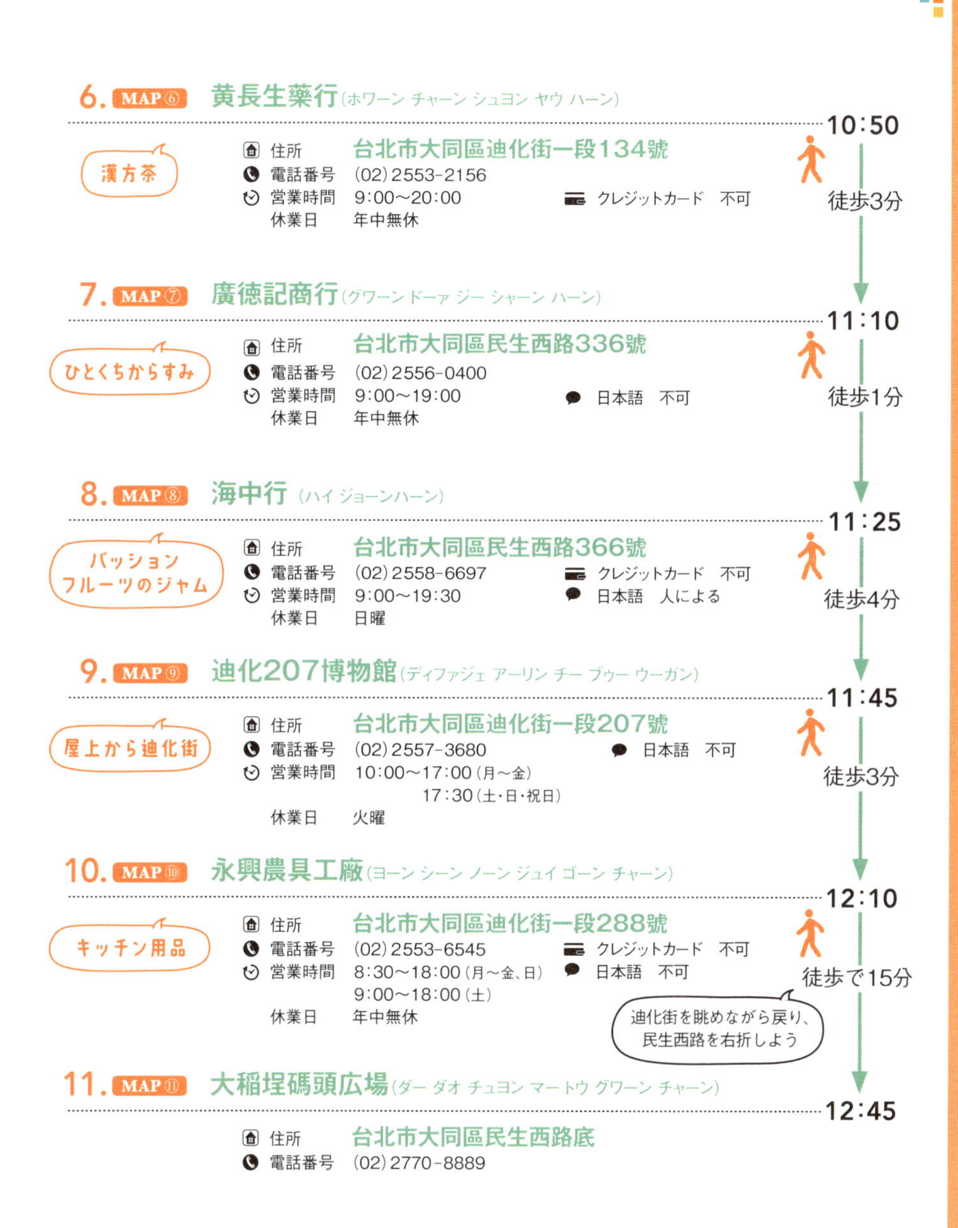

6. MAP⑥ 黄長生薬行（ホワーン チャーン シュヨン ヤウ ハーン）

10:50

漢方茶

住所　台北市大同區迪化街一段134號
電話番号　(02) 2553-2156
営業時間　9:00～20:00
休業日　年中無休
クレジットカード　不可

徒歩3分

7. MAP⑦ 廣徳記商行（グワーン ドーァ ジー シャーン ハーン）

11:10

ひとくちからすみ

住所　台北市大同區民生西路336號
電話番号　(02) 2556-0400
営業時間　9:00～19:00
休業日　年中無休
日本語　不可

徒歩1分

8. MAP⑧ 海中行（ハイ ジョーンハーン）

11:25

パッションフルーツのジャム

住所　台北市大同區民生西路366號
電話番号　(02) 2558-6697
営業時間　9:00～19:30
休業日　日曜
クレジットカード　不可
日本語　人による

徒歩4分

9. MAP⑨ 迪化207博物館（ディファジェ アーリン チー ブウー ウーガン）

11:45

屋上から迪化街

住所　台北市大同區迪化街一段207號
電話番号　(02) 2557-3680
営業時間　10:00～17:00（月～金）
　　　　　17:30（土・日・祝日）
休業日　火曜
日本語　不可

徒歩3分

10. MAP⑩ 永興農具工廠（ヨーン シーン ノーン ジュイ ゴーン チャーン）

12:10

キッチン用品

住所　台北市大同區迪化街一段288號
電話番号　(02) 2553-6545
営業時間　8:30～18:00（月～金、日）
　　　　　9:00～18:00（土）
休業日　年中無休
クレジットカード　不可
日本語　不可

徒歩で15分

迪化街を眺めながら戻り、民生西路を右折しよう

11. MAP⑪ 大稲埕碼頭広場（ダー ダオ チュヨン マー トウ グワーン チャーン）

12:45

住所　台北市大同區民生西路底
電話番号　(02) 2770-8889

  台北車站駅→ G 13 北門駅6分 TAXI タクシー10分 徒歩18分

※乗り換えなどの徒歩は含みません

どれも美味しそうで悩んでしまう

永樂市場 清粥小菜
（ヨーン ローァ シー チャーンチーン ジョウ シャオ ツァイ）

MAP①

さらさら白粥と、手作りお惣菜の朝食

白粥（15元）おかず（10元～40元）

同じ場所で、時間によってお店が変わります。早朝からお昼ごろまでは、シンプルなお粥と、どれも優しい味のおかずのお店。指差しで好きな種類を選んでオーダーしましょう。

出てるお店も時間帯によって変わります

粥とおかずの相性が最高です

永樂布業商場
（ヨーン ローァブゥ イエ シャーン チャーン）

MAP②

迪化街入口のランドタワー

１階が食品中心で、２階が布市場。時間があれば服や小物のオーダーも可能です。１階は朝早くからにぎわいますが、２階は遅めのスタートなので要注意。

既製品も扱っているので掘り出し物を見つけて

床から天井まで、布がぎっしり

人気油飯店　林合發油飯店

霞海城隍廟
（シア ハイ チュヨン ホワーン ミャオ）

MAP③

最強の縁結びパワースポット

恋愛の神様「月下老人」が有名ですが、メインの神様である城隍爺（無事息災、仕事運）のほか、たくさんの神様が祀られています。

願いが叶うと、金箔を貼り付けます

福という字を書いてもらいました

日本語で説明してくれる人がいることも

大稻埕遊客中心
（ダー ダオ チュヨンヨウガァジョンシン）

ツーリストサービスセンター。こちらでは、日本語のMAPなどがもらえます。（火曜休）

手にはお茶と高麗人参をもっています

姚徳和青草號
（ヤオ ドーァ ホーァ チーン ツァオ ハウ）

MAP④

倉庫風のおしゃれな薬草屋

お店に近づくと薬草が煮込まれた匂いが。“良薬口に苦し”ではあるけれど、便秘や疲労回復に効くという苦茶をはじめ、漢方茶をいただいてみよう。

薬草をつかった入浴剤もあります

苦茶（20元）

元信蔘藥行
（ユエン シン シェン ヤウ ハーン）

MAP⑤

色とりどりのドライフルーツ

ドライフルーツといえばこのお店。周りのお店よりは多少コスト高でも、その質の高さと日本語パッケージが安心。試食もさせてもらえます。

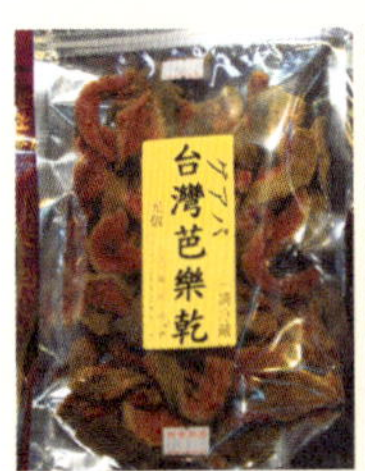

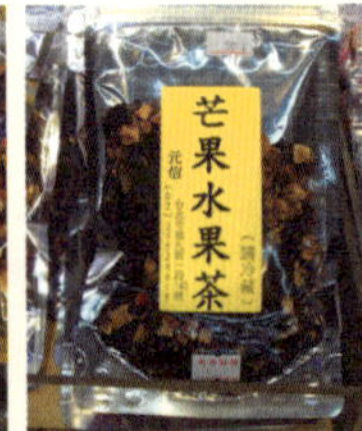

パッケージは日本語なので参考に。ドライフルーツをつかったフルーツティーもオススメです

大きな高麗人参が目印

6. MAP B-⑤ 剝皮寮歴史街區（ボーピー リヤオ リー シー ジエ チュイ）

11:30

古い街並み

- 住所　台北市廣州街101號
- 電話番号　(02) 2336-1704
- 営業時間　9:00～21:00（室内は9:00～18:00）
- 休業日　月曜・祝日
- 日本語　可(2日前までに予約で日本語ガイドあり)

BL 10　MRT11分　R 12

7. MAP C-① 赤峰街（チー フォン ジエ）

12:40

レトロを見つけに

MRT中山駅と雙連駅との中間に位置

BL 12　R 10　台北車站駅→ O 10　中山國小駅9分　TAXI タクシー7分　徒歩34分

※乗り換えなどの徒歩は含みません

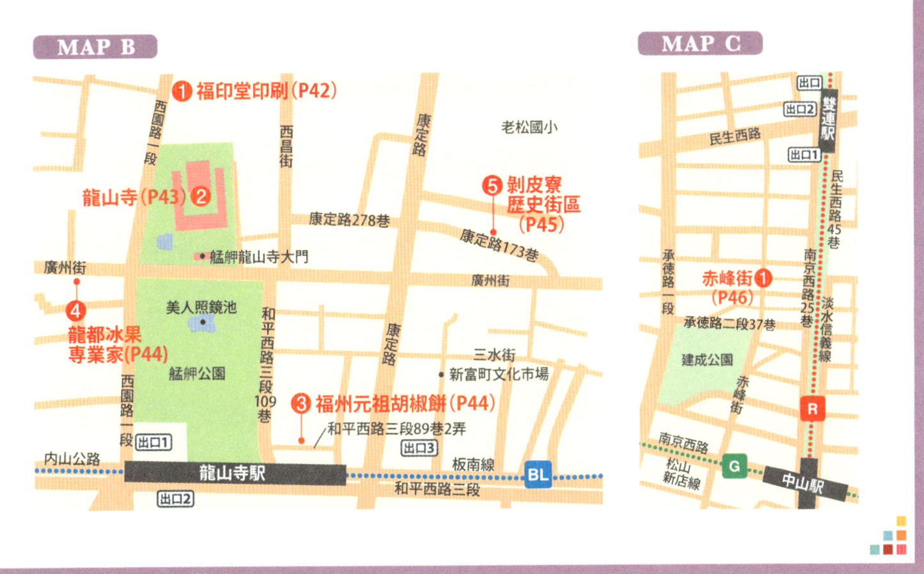

猪排法式士司はポークステーキのフレンチトースト(70元)+チーズ(10元)

Mr.Lin's 三明治

（ミスターリンサンミーン ジー）

MAP A-①

絶品フレンチトーストサンドイッチ

三明治=サンドイッチ。もともとは屋台だったが路面店になった、地元民にも大人気のお店。甘くないフレンチトーストのサンドイッチは、朝食にぴったり。少し甘めのミルクティーといただこう。

濃厚で少し甘めのミルクティーです

朝は大行列だけれど、回転が早いので大丈夫

安いのにとても丁寧に作ってくれます。たくさん頼んだら、心付けを渡してもよいかもしれません

1個/小70元 大300元。1つあたり制作時間は1時間ほど

いろんな種類のハンコがあります

日本語も英語も通じません。そんな時は筆談です。「我想要顆印章」(印鑑をオーダーしたいです)「請問(刻一個印章)要多久?」(時間はどのくらいかかりますか)

福印堂印刷

（フゥ イン ターン イン シュワ）

MAP B-①

手彫りの印鑑屋さんでオーダーを

ご夫婦が営む、街の小さな印刷屋さんで作ってもらう木製のハンコ。自分にも、そしてお土産にも最適です。オーダーできる文字は、3〜4文字の漢字（旧字）のみとなります。

年季のはいった朱肉

龍山寺
（ローン シャン スー）

MAP B-②

運気がアップ！ 台北最古の寺院

台北随一のパワースポットとしてもっとも有名なので、常に訪れる人が絶えません。運命の赤い糸で足を結んでくれる縁結びの神として「月下老人」が特に有名ではありますが、基本的には全部の神様をお参りしましょう。

昼夜問わずいつも大混雑

境内には右側の入り口から入り、左足で敷居をまたいで入ります。自分の住所と名前を言ってお参りするのを忘れずに（まる）

たくさんのお供えものとお花で華やか！

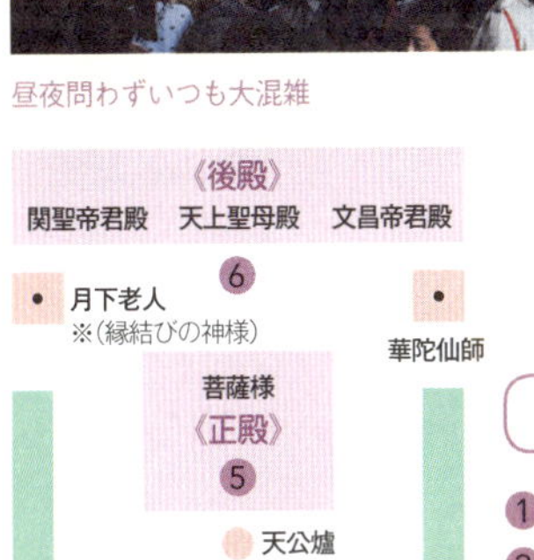

お参りのしかた

1. 売店で線香とロウソクを購入
2. 前殿の両側の燭台にロウソクを供える
3. 観音爐に線香を供える
4. 天公爐に線香を供える
5. 正殿の本尊・菩薩様にお参りする
6. 後殿の三体の神様にお参りする

おみくじにもチャレンジしてみて

胡椒餅（フージャオビン）（45元）

焼きたてアツアツをいただこう

個数を告げ番号札をもらおう。日本語でだいたいの時間を教えてくれるよ

福州元祖胡椒餅
（フゥ ジョウ ユエン ズゥ ホゥ ジアオ ビーン）

MAP B-③

並んでアツアツを食べたい胡椒餅

こちらの胡椒餅の味付けは、甘めの餡。週末はもちろん、平日でもいつも行列ができています。番号札をもらって予約してから、龍山寺にお参りに行くと時間のロスが少なくてよいかもしれません。

統合水香冰（50元）

トマトを砂糖生姜醤油で

フルーツに氷が乗っているだけ?! と初めて食べた時は驚いた。でも、さっぱりで、ふわふわ氷がくせになるかも（ケンゴ）

台湾ではトマトはフルーツなんです

龍都冰果専業家
（ローンドゥ ビーン グオ ジュワン イエ ジア）

MAP B-④

ケースに並んだ果物がインパクト

創業1920年の老舗かき氷店。老豆やタロイモやお餅など8種類の具がたっぷり乗った八寶冰が名物なのですが、新鮮な果物も売りなので、ぜひ食べてみて。

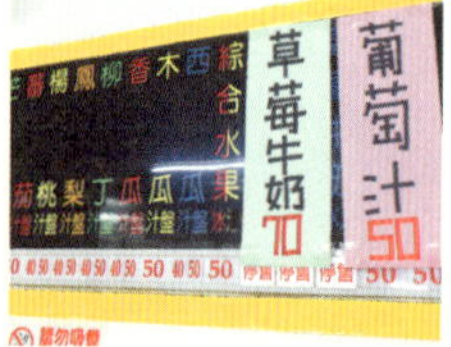

フルーツジュースもあるよ！

新旧の街並みの融合が美しい。地元の若い人の、結婚用の写真撮影スポットでもあるそう

剝皮寮歴史街區
（ボーピー リヤオ リー シー ジエ チュイ）

昔の美しい街並みにタイムスリップ

百年あまり前の清朝時代の街並みを残しており、紅色のレンガ、アーチ型の歩道、花が彫刻された窓の格子などが見られます。なんだか怖い名前ですが。その昔、このあたりでは木材の皮を剝いで加工したことが由来だそう。

老鐵窗（古い鉄柵）がいい味

赤峰街
（チー フォン ジエ）

MAP C-①

つい曲がってみたくなる、魅力的な路地裏散歩。自分だけの発見を

「打鐵街」と呼ばれ、自転車部品の問屋、機械部品のリサイクルのお店が集まる地区だった赤峰街。それが近年、おしゃれカフェやショップ、ストリートアートが出現。新旧入り混じったレトロタウン散策は発見がいっぱい。

素敵なカフェやユニークなショップ等が立ち並ぶ

ペンキの色合いがレトロ可愛い

ショーウィンドウに"福"がいっぱい並んでる

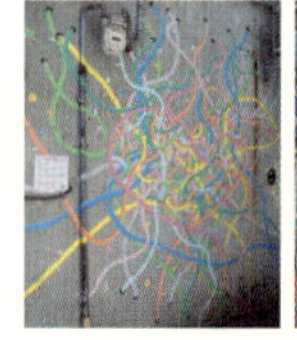

路地裏のウォールアートを探してみて

新旧の街並みの融合が美しい。地元の若い人の、結婚用の写真撮影スポットでもあるそう

剝皮寮歴史街區

（ポーピー リヤオ リー シー ジエ チュイ）

MAP B-⑤

昔の美しい街並みにタイムスリップ

百年あまり前の清朝時代の街並みを残しており、紅色のレンガ、アーチ型の歩道、花が彫刻された窓の格子などが見られます。なんだか怖い名前ですが。その昔、このあたりでは木材の皮を剝いで加工したことが由来だそう。

素敵なカフェやユニークなショップ等が立ち並ぶ

ペンキの色合いがレトロ可愛い

赤峰街

（チー フォン ジエ）

MAP C-①

つい曲がってみたくなる、魅力的な路地裏散歩。自分だけの発見を

「打鐵街」と呼ばれ、自転車部品の問屋、機械部品のリサイクルのお店が集まる地区だった赤峰街。それが近年、おしゃれカフェやショップ、ストリートアートが出現。新旧入り混じったレトロタウン散策は発見がいっぱい。

ショーウィンドウに"福"がいっぱい並んでる

路地裏のウォールアートを探してみて

黄長生藥行
（ホワーン チャーン シュヨン ヤオ ハーン）

MAP⑥

日本語説明が安心な薬局

店頭には日本語パッケージの商品が並び、赤ちゃんや妊婦さん用の入浴剤も。いちばんオススメは虫よけパック。漢方の匂いに虫も逃げ出す?!

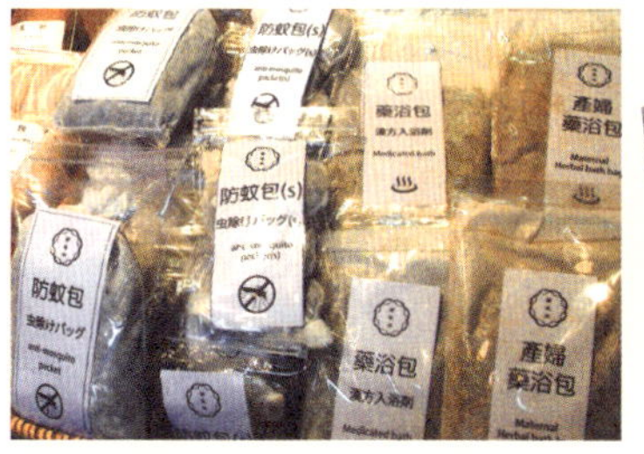

入浴剤や虫よけ

漢方のど茶（上）
元気茶（右）

本来漢方薬はその人に合わせて調合するもの。合わない場合は具合が悪くなることも。でも、入浴剤やお茶なら取り入れやすいですね（まる）

廣德記商行
（グワーン ドーァ ジー シャーン ハーン）

MAP⑦

ひと口からすみがオススメ

ちょっとメインの通りからはずれますが、オススメのショップ。冷凍品ですが、真空パックなので常温でもち帰っても大丈夫。個包装なので食べやすい。

（300元/1袋10個入り）

この看板を目印にして

海中行
（ハイ ジョーンハーン）

MAP⑧

パッションフルーツのジャム

ヨーグルトやクリームチーズなど、酸味のあるものとの相性抜群の甘いジャム。種なしと種ありがあります。店頭に日本語説明もあり。

小（100元/600g）
大（150元/1,200g）

街を上から見ると、新しい発見も

迪化207博物館
（ディファジェアーリンチーブゥーウーガン）

MAP⑨

迪化街を上から見てみて

無料のアートギャラリー。台湾の歴史と文化にふれながら上階に進むと、屋上まで行けます。眼下には迪化街の街が広がりひと味違う風景をたのしめます。

昔使用していたかまど

日本からくる友人に人気のカゴバッグ。迪化街には「大華源豐行」「高建桶店」といった有名店があり、来るたびデザインや色が進化しています（まる）

大稲埕碼頭広場
（ダー ダオ チュヨン マー トウ グワーン チャーン）

MAP⑪

淡水河を眺めながらひと休み

休日は売店も出て、地元の人でにぎわいます。迪化街のメインストリートからすぐなので、疲れたらここでひと休みもいいかも。

船のモニュメントが目を引く

永興農具工廠
（ヨーン シーン ノーン ジュイ ゴーン チャーン）

MAP⑩

竹製品やキッチン用品

もともとは農具店だったのが、時代の流れとともに台湾産のキッチン用品を多く扱うように。スキレットもお手ごろ価格で購入できるのでチェックしたい。

農具店の名残で、店先には鎌が

竹製のお弁当箱(340元)

午前ルート 5

レトロを見つける旅

午前ルート 5

自分だけのお気に入り風景を探そう

新しいお店もどんどんできて進化している台湾は、古い物と新しい物を融合するのがとても上手。今日はまだ残る“素敵レトロな風景”を探しに行こう

1. MAP A-① Mr.Lin's 三明治(ミスターリン サン ミーン ジー)

8:30

フレンチトーストサンドイッチ

住所 台北市中山區農安街8-2號
営業時間 6:00〜15:00
休業日 火曜・隔週月曜（フェイスブックで確認可）
クレジットカード 不可
日本語 不可

TAXI タクシー 17分

2. MAP B-① 福印堂印刷(フゥ イン ターン イン シュワ)

9:20

ハンコを作ろう

住所 台北市萬華區西園路一段127號
電話番号 (02)2308-8988
営業時間 11:00〜19:00
休業日 年中無休
クレジットカード 不可
日本語 不可

徒歩2分

3. MAP B-② 龍山寺(ローン シャン スー)

9:50

パワースポット

住所 台北市萬華區廣州街211號
電話番号 (02)2302-5162
営業時間 6:00〜22:00
休業日 年中無休
日本語 不可（日本語ガイドあり）

徒歩2分

4. MAP B-③ 福州元祖胡椒餅(フゥ ジョウ ユエン ズゥ ホゥ ジアウ ビーン)

10:30

胡椒餅

住所 台北市和平西路三段89巷2弄5號
電話番号 (02)2308-3075
営業時間 10:00〜18:00
休業日 年中無休
クレジットカード 不可

徒歩5分

5. MAP B-④ 龍都冰果專業家(ローンドゥ ビーン グオ ジュワン イエ ジア)

10:50

老舗かき氷店

住所 台北市廣州街168號
電話番号 (02)2308-3223
営業時間 11:00〜25:00（金・土曜は~26:00）
休業日 年中無休
クレジットカード 不可
日本語メニュー あり

徒歩5分

6. MAP B-⑤ 剝皮寮歴史街區(ボーピー リヤオ リー シー ジエ チュイ)

11:30

古い街並み

- 住所 台北市廣州街101號
- 電話番号 (02) 2336-1704
- 営業時間 9:00～21:00(室内は9:00～18:00)
- 休業日 月曜・祝日
- 日本語 可(2日前までに予約で日本語ガイドあり)

BL 10 → MRT11分 → R 12

7. MAP C-① 赤峰街(チー フォン ジエ)

12:40

レトロを見つけに

MRT中山駅と雙連駅との中間に位置

BL 12 R 10 台北車站駅→ O 10 中山國小駅9分 TAXI タクシー7分 徒歩34分

※乗り換えなどの徒歩は含みません

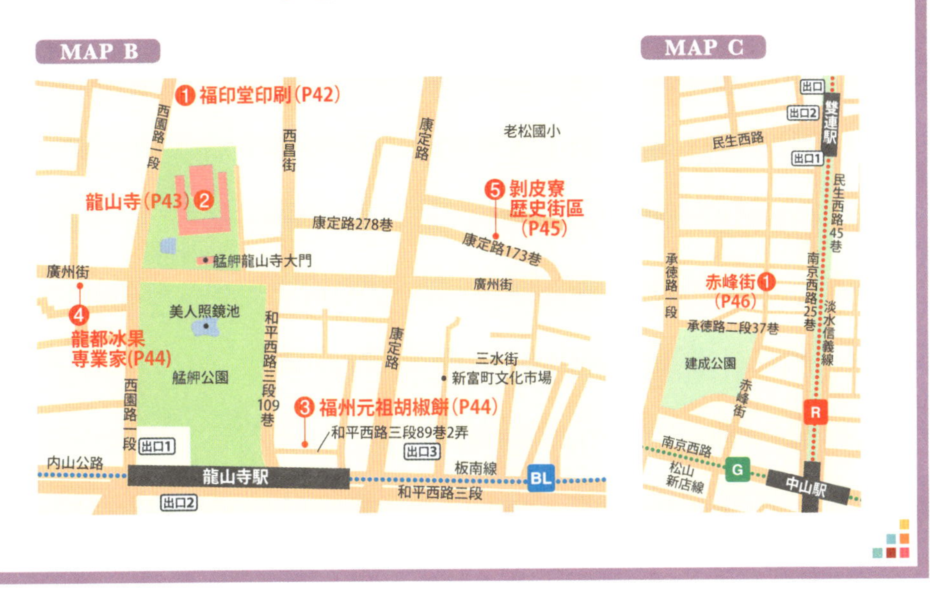

猪排法式士司はポークステーキのフレンチトースト(70元)+チーズ(10元)

Mr.Lin's 三明治
(ミスターリンサンミーン ジー)

MAP A-①

絶品フレンチトーストサンドイッチ

三明治=サンドイッチ。もともとは屋台だったが路面店になった、地元民にも大人気のお店。甘くないフレンチトーストのサンドイッチは、朝食にぴったり。少し甘めのミルクティーといただこう。

濃厚で少し甘めのミルクティーです

朝は大行列だけれど、回転が早いので大丈夫

安いのにとても丁寧に作ってくれます。たくさん頼んだら、心付けを渡してもよいかもしれません

1個/小70元 大300元。1つあたり制作時間は1時間ほど

いろんな種類のハンコがあります

日本語も英語も通じません。そんな時は筆談です。「我想要類印章」(印鑑をオーダーしたいです)「請問(刻一個印章)要多久?」(時間はどのくらいかかりますか)

年季のはいった朱肉

福印堂印刷
(フゥ イン ターン イン シュワ)

MAP B-①

手彫りの印鑑屋さんでオーダーを

ご夫婦が営む、街の小さな印刷屋さんで作ってもらう木製のハンコ。自分にも、そしてお土産にも最適です。オーダーできる文字は、3~4文字の漢字(旧字)のみとなります。

龍山寺
（ローン シャン スー）

MAP B-②

運気がアップ！ 台北最古の寺院

台北随一のパワースポットとしてもっとも有名なので、常に訪れる人が絶えません。運命の赤い糸で足を結んでくれる縁結びの神として「月下老人」が特に有名ではありますが、基本的には全部の神様をお参りしましょう。

昼夜問わずいつも大混雑

境内には右側の入り口から入り、左足で敷居をまたいで入ります。自分の住所と名前を言ってお参りするのを忘れずに（まる）

たくさんのお供えものとお花で華やか！

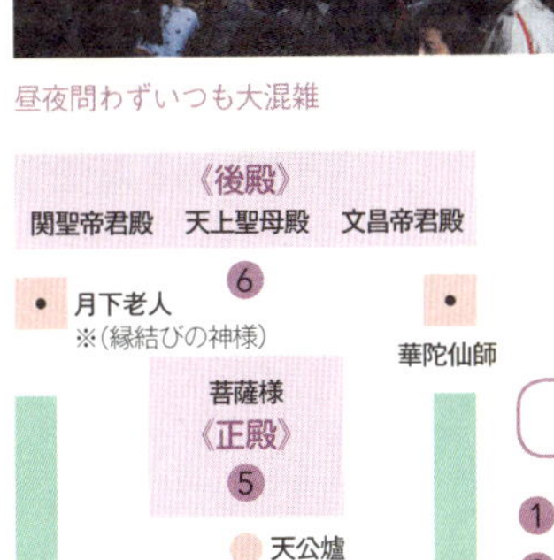

お参りのしかた

1. 売店で線香とロウソクを購入
2. 前殿の両側の燭台にロウソクを供える
3. 観音爐に線香を供える
4. 天公爐に線香を供える
5. 正殿の本尊・菩薩様にお参りする
6. 後殿の三体の神様にお参りする

おみくじにもチャレンジしてみて

胡椒餅（フージャオビン）（45元）

焼きたてアツアツをいただこう

個数を告げ番号札をもらおう。日本語でだいたいの時間を教えてくれるよ

福州元祖胡椒餅
（フゥ ジョウ ユエン ズゥ ホゥ ジアオ ビーン）

MAP B-③

並んでアツアツを食べたい胡椒餅

こちらの胡椒餅の味付けは、甘めの餡。週末はもちろん、平日でもいつも行列ができています。番号札をもらって予約してから、龍山寺にお参りに行くと時間のロスが少なくてよいかもしれません。

統合水香冰（50元）

トマトを砂糖生姜醤油で

フルーツに氷が乗っているだけ?! と初めて食べた時は驚いた。でも、さっぱりで、ふわふわ氷がくせになるかも（ケンゴ）

台湾ではトマトはフルーツなんです

龍都冰果専業家
（ローンドゥ ビーン グオ ジュワン イエ ジア）

MAP B-④

ケースに並んだ果物がインパクト

創業1920年の老舗かき氷店。老豆やタロイモやお餅など8種類の具がたっぷり乗った八寶冰が名物なのですが、新鮮な果物も売りなので、ぜひ食べてみて。

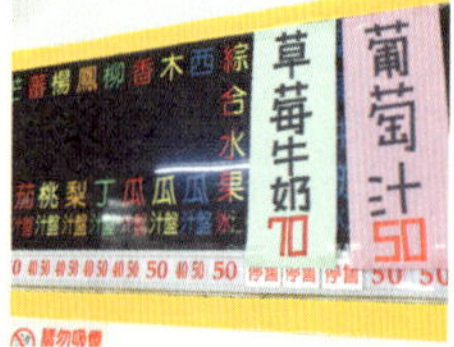

フルーツジュースもあるよ！

午後ルート 1

芸術にふれる

午後ルート 1
多くのアーティストが住む芸術村を訪れてみよう

世界各国のアーティストが居在し、創作活動や展示を行う芸術村。
そこは生活とアートが共存する不思議空間。学生街の安旨グルメもたのしめるルート。

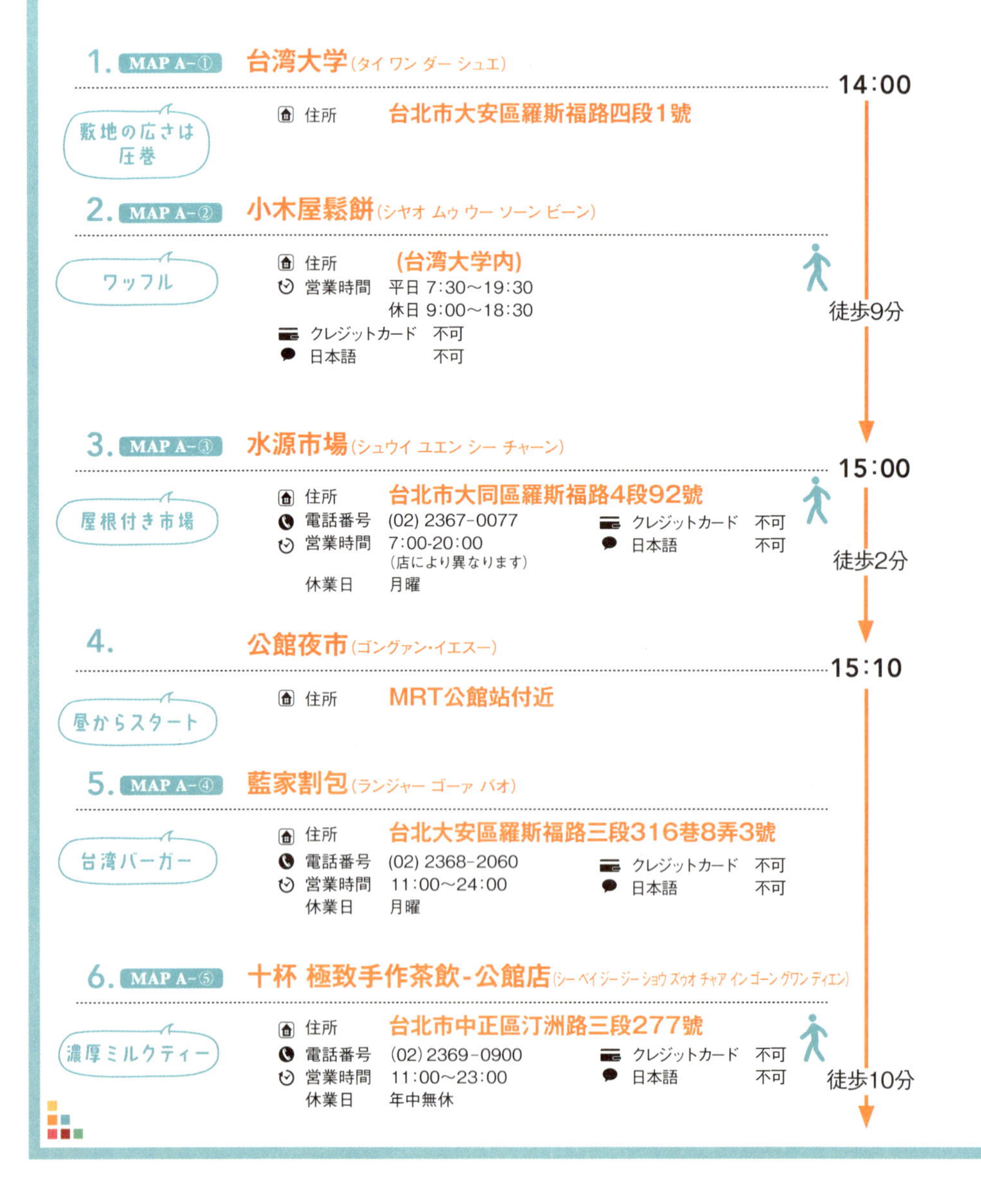

1. MAP A-① 台湾大学(タイ ワン ダー シュエ)

14:00

敷地の広さは圧巻

住所 台北市大安區羅斯福路四段1號

2. MAP A-② 小木屋鬆餅(シヤオ ムゥ ウー ソーン ビーン)

ワッフル

住所 (台湾大学内)
営業時間 平日 7:30～19:30
休日 9:00～18:30
クレジットカード 不可
日本語 不可

徒歩9分

3. MAP A-③ 水源市場(シュウイ ユエン シー チャーン)

15:00

屋根付き市場

住所 台北市大同區羅斯福路4段92號
電話番号 (02) 2367-0077
営業時間 7:00-20:00
(店により異なります)
休業日 月曜
クレジットカード 不可
日本語 不可

徒歩2分

4. 公館夜市(ゴングヮン・イエスー)

15:10

昼からスタート

住所 MRT公館站付近

5. MAP A-④ 藍家割包(ランジャー ゴーァ バオ)

台湾バーガー

住所 台北大安區羅斯福路三段316巷8弄3號
電話番号 (02) 2368-2060
営業時間 11:00～24:00
休業日 月曜
クレジットカード 不可
日本語 不可

6. MAP A-⑤ 十杯 極致手作茶飲-公館店(シー ベイ ジー ジー ショウ ズゥオ チャア イン ゴーン グワン ディエン)

濃厚ミルクティー

住所 台北市中正區汀洲路三段277號
電話番号 (02) 2369-0900
営業時間 11:00～23:00
休業日 年中無休
クレジットカード 不可
日本語 不可

徒歩10分

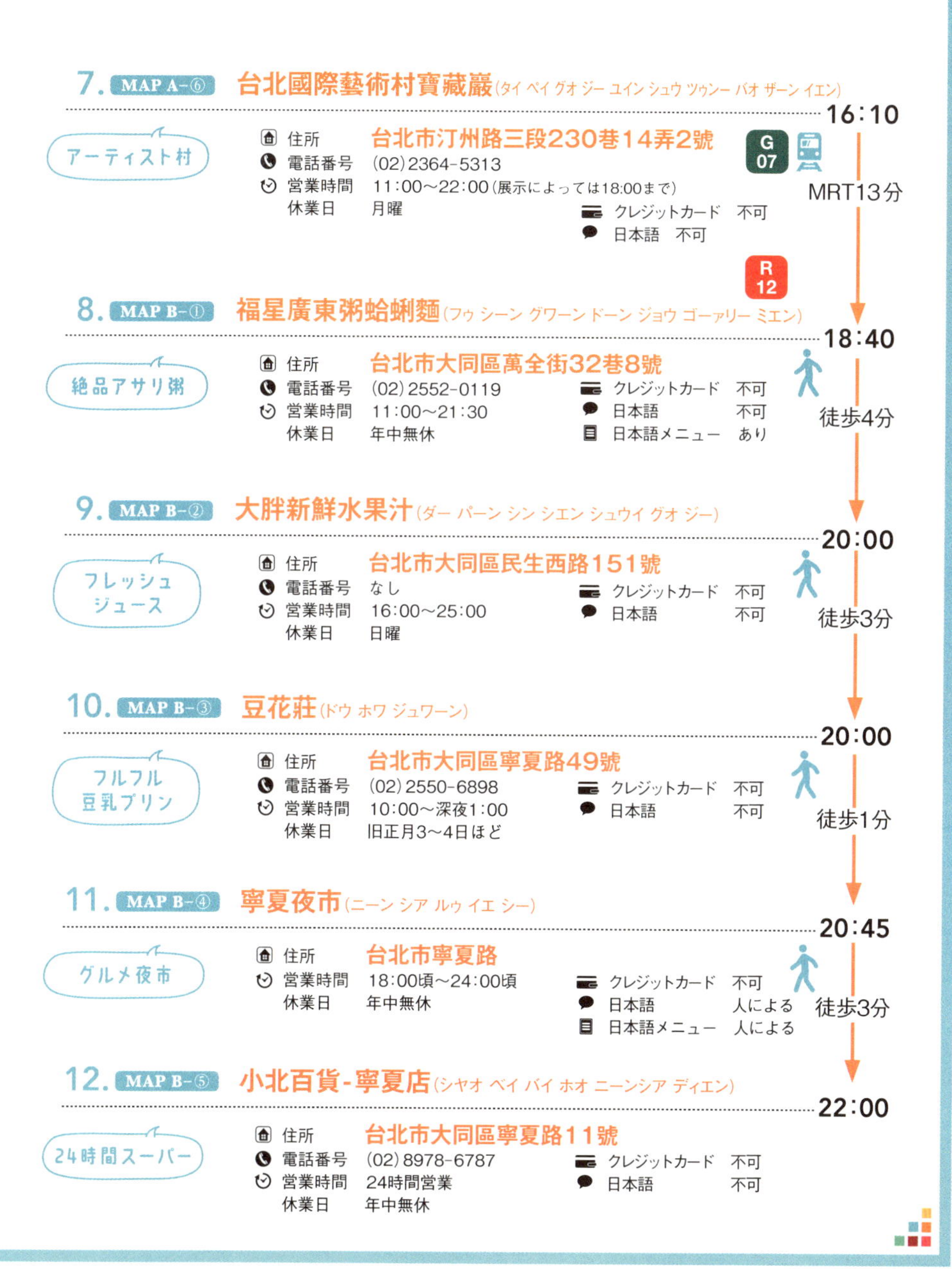

7. MAP A-⑥ 台北國際藝術村寶藏巖（タイ ペイ グオ ジー ユイン シュウ ツゥンー バオ ザーン イエン）

16:10

アーティスト村

- 住所　**台北市汀州路三段230巷14弄2號**
- 電話番号　(02)2364-5313
- 営業時間　11:00〜22:00（展示によっては18:00まで）
- 休業日　月曜
- クレジットカード　不可
- 日本語　不可

G07 → MRT13分 → R12

8. MAP B-① 福星廣東粥蛤蜊麵（フゥ シーン グワーン ドーン ジョウ ゴーァリー ミエン）

18:40

絶品アサリ粥

- 住所　**台北市大同區萬全街32巷8號**
- 電話番号　(02)2552-0119
- 営業時間　11:00〜21:30
- 休業日　年中無休
- クレジットカード　不可
- 日本語　不可
- 日本語メニュー　あり

徒歩4分

9. MAP B-② 大胖新鮮水果汁（ダー パーン シン シエン シュウイ グオ ジー）

20:00

フレッシュジュース

- 住所　**台北市大同區民生西路151號**
- 電話番号　なし
- 営業時間　16:00〜25:00
- 休業日　日曜
- クレジットカード　不可
- 日本語　不可

徒歩3分

10. MAP B-③ 豆花莊（ドウ ホワ ジュワーン）

20:00

フルフル豆乳プリン

- 住所　**台北市大同區寧夏路49號**
- 電話番号　(02)2550-6898
- 営業時間　10:00〜深夜1:00
- 休業日　旧正月3〜4日ほど
- クレジットカード　不可
- 日本語　不可

徒歩1分

11. MAP B-④ 寧夏夜市（ニーン シア ルゥ イエ シー）

20:45

グルメ夜市

- 住所　**台北市寧夏路**
- 営業時間　18:00頃〜24:00頃
- 休業日　年中無休
- クレジットカード　不可
- 日本語　人による
- 日本語メニュー　人による

徒歩3分

12. MAP B-⑤ 小北百貨-寧夏店（シャオ ベイ バイ ホオ ニーンシア ディエン）

22:00

24時間スーパー

- 住所　**台北市大同區寧夏路11號**
- 電話番号　(02)8978-6787
- 営業時間　24時間営業
- 休業日　年中無休
- クレジットカード　不可
- 日本語　不可

各午前ルートエリアからの所要時間

午後ルート1・5→ G07 公館駅13分　午後ルート2→ G07 公館駅22分

午後ルート3→ G07 公館駅17分　午後ルート4→ G07 公館駅11分

MAP A

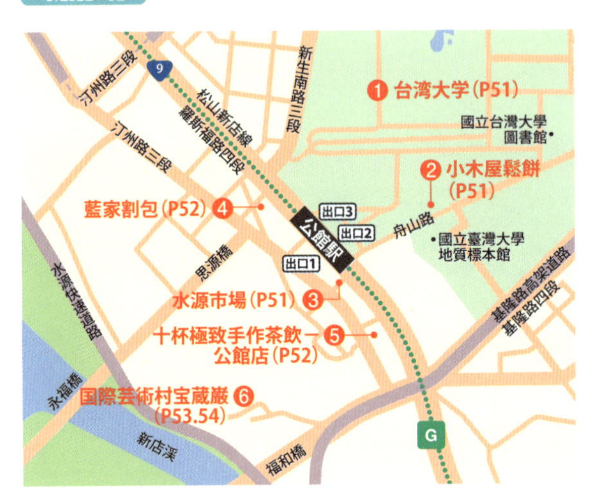

MAP B

台湾大学
（タイ ワン ダー シュエ）

MAP A-①

校内の敷地の広さは圧巻

建設当初から維持される博物館のような図書館、数多くの伝説を残す湖、椰子の木ロードなどの前撮りでも使用されるフォトスポットの数々。大学というもののスケールを越えた見どころが。

広い校内。学生たちは移動に自転車

平日でも行列は覚悟しておこう

抹茶紅豆鬆餅（55元）

小木屋鬆餅
（シャオ ムゥ ウー ソーン ビーン）

MAP A-②

焼きたてさくふわワッフル

学生以外の人にも人気。休日は、数時間待ちを越えることもあるそう。待ち時間を後悔しない絶品ワッフルは、近くのベンチに座ってゆっくり食べよう。

ビッグサイズのお菓子は、ばら撒き用に

どの時間帯も飛ぶように売れているお弁当

水源市場
（シュウイ ユエン シー チャーン）

MAP A-③

ひと際目をひくブルーの建物

室内でクーラーもかかっている快適な市場。果物屋や雑貨屋、乾物屋のほか、おかずが選べる定食屋さんが多く並ぶ。ごはん時には、美味しそうな香りが。

割包：1個(50元)

藍家割包
(ランジア ゴーァ バオ)

MAP A-④

ふかふかパン×ホロホロ肉の台湾バーガー

固まりをほぐした肉が美味しく、種類も豊富。いちばん人気は肉の脂身と赤身をミックスした綜合。常に行列ができている超人気店。

手際がいいので意外と待たない

みんなパクチーを乗せるけれど、僕は苦手なのでパクチー抜き(ケンゴ)

公館夜市
(ゴングァン・イエスー)

MAP A

学生も大満足の夜市

昼過ぎから夜市のようににぎわう屋台。台湾大学の学生たちの舌と胃袋を満足させる店舗が集まります。人が並んでいるのは美味しい証拠。

蔥蛋餅(20元)と蜜地瓜(30元)

ふわふわもっちりサツマイモボール

主恩：濃い香り
四方：濃厚な重い味わい
柳營：さわやかな味わい
老爹：口当たりがよい
獨角：滑らか

十杯 極致手作茶飲-公館店
(シー ベイジー ジー ショウ ズゥオ チャア イン ゴーン グワンディエン)

MAP A-⑤

牛乳が選べる濃厚ミルクティー

ミルクティーと合う牛乳を厳選。こんなに牛乳によって味が違うとは驚き。イートインスペースがあり、トイレもキレイなので、こちらでひと息しよう。

砂糖は半糖か微糖がオススメ

牧場厳選奶茶(60元)

駐車場脇の坂道を登って

案内板もとってもアート

台北國際芸術村寶藏巖
（タイ ペイ グオ ジー ユイン シュウ ツゥン− バオ ザーン イエン）

MAP A-⑥

現代アートが集結する

細い道に自然とアートが融合した不思議な空間。数ヶ月に一度アートの祭典が開催され、頻繁に作品も変わるので飽きることがない。民間人も住んでるので騒音注意！

最初に寶藏巖に
到着します

見上げると
煌びやかな
装飾

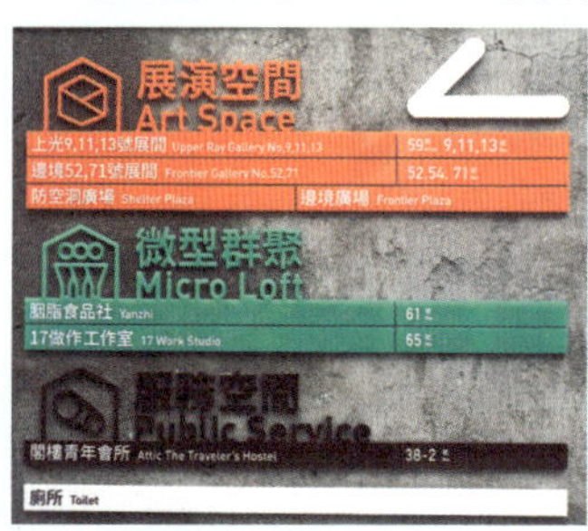

オレンジが展示スペース、緑がスタジオ

インフォメーションセンターで
地図をもらおう

私は古いものが好きなので、家の歴史を見ながら回ります。日本語がないのが残念！（まる）

日本人アーティストが滞在していることもありますよ

人形作家、在藝起の
薛美華/靴子さん

注意！
未開放と書いてあるところは入場禁止です

その家に住んでいた一族の歴史がここに

作業道具もまるでディスプレイのよう

建物全体を使用したアート

ランタンフェスティバルでのパフォーマンスを控えていた、切り絵作家の陳治旭さん

展示やアーティストの入れ替わりがあるので、何回行ってもたのしめる(ケンゴ)

目を奪われた鮮やかな色彩の作品

よく見ると日本のカレールウを発見

この村は日本の人でも滞在申請資格があるそうです(まる)

朽ち果ててしまった家も新たなアーティストを待っています

食べ終わると、赤いバケツにあさりの殻の山が

福星廣東粥蛤蜊麵
（フゥ シーン グワーン ドーン ジョウ ゴーァリー ミエン）

MAP B-①

あさりの旨みたっぷりのお粥と麵

日本語メニューがあり、麵は意麵（揚げ麵）、雞絲麵（普通の麵）、油麵、陽春麵（ハルサメ）、烏龍麵（うどん）から選べます。

招牌蛤蜊粥（120元）

大胖新鮮水果汁
（ダー パーン シン シエン シュウイ グオ ジー）

MAP B-②

まさに本物の100%ジュース

当初は店頭で搾っていたらしいのですが、今や大人気でさばき切れず、路地に"搾りスペース"を構えています。食後のフルーツの感覚で飲めるジュースです。

オレンジがいちばん人気

ピーナッツ豆花に芋圓トッピング（60元）

豆花莊
（ドウ ホワ ジュワーン）

MAP B-③

なめらか豆花と甘さ控えめシロップ

豆花とは、絹ごし豆腐のような食感の豆乳プリンのこと。砂糖を使用していないので、実はヘルシーなスイーツ。男性にも人気なのがうなずけます。

寧夏夜市
(ニーン シア ルゥ イエ シー→ニーン)

MAP B-④

食の夜市。台湾グルメの宝庫

台湾には数々の夜市が存在しますが、こちらは特に“食”中心の夜市。小規模だけれど、台湾のグルメがぎゅっと凝縮されていて、見ているだけでたのしい。

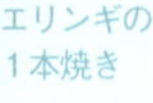

エリンギの1本焼き

週末は特にすごい人なので、カバンなどはしっかりもって、気を付けてくださいね（まる）

人気の牡蠣オムレツは大行列

日本のカレーライスが大人気

シフォンケーキはホールで販売

海鮮もチャレンジしたい

小北百貨-寧夏店
(シャオ ペイ バイ ホオ ニーンシア ディエン)

MAP B-⑤

調味料や家庭雑貨はここで

夜市を抜けたあたりにある、価格・品揃えともに観光客向けというよりは地元の人向け。それだけに魅力的♡

夜市をたのしんだあとは、お土産を探そう。台湾らしい日用品や調味料まで、日本の24時間営業スーパーのようなバラエティに富んだ圧巻の品揃え。掘り出し物が見つかるはず。

午後ルート 2

お買いもの散歩

午後ルート 2

ドリンク片手にお買いものしながらぶらぶらしよう

今日はドリンク片手に、ぶらぶら散歩をしよう。お菓子や乾物だけではない、オススメのお店をご案内します。買わなくても、見ているだけでたのしい！

1. MAP① 雲彩軒 中山店(ユイン ツァイ シュエン)

13:00

可愛い台湾雑貨

住所 台北市中山區南京東路一段31巷2號
電話番号 (02) 2571-2539
営業時間 10:00〜21:30
休業日 無休(旧正月は2〜3日間休み)
クレジットカード 可
日本語 可

徒歩6分

2. MAP② 珍煮丹飲品(ジェン ジュウ ダン イン ピン)

13:40

黒糖タピオカ

住所 台北市中山區中山北路一段140巷13號
電話番号 (02) 2563-8163
営業時間 10:00〜22:00
休業日 無休
クレジットカード 不可
日本語 不可

徒歩10分

3. MAP③ 日星鑄字行(リー シーン ジュウ ズーハーン)

14:00

台湾唯一の活字屋さん

住所 台北市大同區太原路97巷13號
電話番号 (02) 2556-4626
営業時間 水〜金 9:00〜12:00、13:30〜18:00
土&日 9:30〜12:00、13:30〜17:00
休業日 月・火曜
クレジットカード 不可
日本語 不可(日本語の説明文有)

徒歩3分

4. MAP④ 康青龍長安旗艦店(カンチンロンチャーン アン チー ジェン ディエン)

15:30

フルーツティー

住所 台北市大同區長安西路55號
電話番号 (02) 2552-1218
営業時間 10:00〜20:00
休業日 無休
クレジットカード 不可
日本語 不可

徒歩5分

5. MAP⑤ 瓶瓶罐罐(ピーン ピーン グワン グワン)

15:50

あらゆるサイズの瓶

住所 台北市太原路11-8號
電話番号 (02) 2550-4608
営業時間 月〜金 8:30〜18:30
土 8:30〜18:00
日 9:00〜18:00
休業日 祝日・各月の第5日曜
クレジットカード 不可
日本語 不可

徒歩1分

6. MAP⑥ 袋袋相傳(ダイ ダイ シアーン チュワン)

16:30

パッケージ専門店

住所 台北市大同區太原路11-6號
電話番号 (02) 2556-1551
営業時間 月〜金 9:00〜20:00 土、日10:00〜17:30
木 9:30〜20:00
休業日 年中無休
クレジットカード 不可
日本語 なし

徒歩 1分

各午前ルートエリアからの所要時間

午後ルート1・5 → G14 R11 中山駅 TAXI タクシー5分　午後ルート2 → G14 R11 中山駅17分

午後ルート3 → G14 R11 中山駅5分　午後ルート4 → G14 R11 中山駅 TAXI タクシー10分

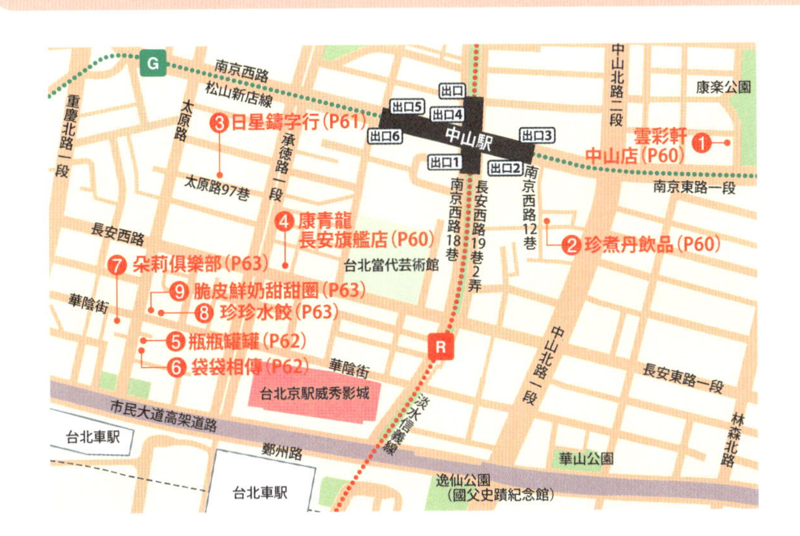

7. MAP⑦ 朶莉俱樂部（ドゥオ リー ジュイ ローァ ブゥ）

17:00

防水布雑貨

- 住所　**台北市大同區華陰街66號**
- 電話番号　(02) 2556-8267
- 営業時間　月～土 10:00～20:00　日 11:00～19:00
- クレジットカード　可
- 日本語　不可

徒歩1分

8. MAP⑧ 珍珍水餃（ジェン ジェン シュウイ ジャウ）

17:40

水餃子

- 住所　**台北市大同區華陰街175號**
- 電話番号　(02) 2550-9620
- 営業時間　11:30～15:00　16:30～20:00
- 休業日　日曜
- クレジットカード　不可
- 日本語　不可

隣接

9. MAP⑨ 脆皮鮮奶甜甜圈（ツェイ ピー シエン ナイティン ティン チュエン）

18:30

人気ドーナッツ店

- 住所　**台湾台北市大同區華陰街183號**
- 電話番号　(02) 2550-9914
- 営業時間　11:00～19:30
- 休業日　無休
- クレジットカード　不可
- 日本語　不可

フォトスポット。ベンチもあるのでちょっと休憩も

手縫い刺繍の巾着は、5袋購入で1袋もらえるそう。たくさん買えば安くなると言われると、つい買ってしまいます

雲彩軒 中山店

（ユインツァイ シュエン ジョーン シァン ディエン）

MAP①

可愛いがいっぱいの雑貨屋さん

お菓子や雑貨など、パッケージが可愛く、品のよい台湾のデザイン雑貨やチャイナ雑貨が詰まったショップ。値札には日本語表記もあり、選びやすいのも嬉しい。

格雷冰茶(50元)+黒白珍珠(5元)

この2店は、会社の同僚たちの購入率も高いので、オススメします（まる）

黒糖珍珠鮮奶(50元／Mサイズ)

タピオカはかき混ぜてから飲もう

康青龍長安旗艦店

（カンチンロンチャーン アン チー ジェン ディエン）

MAP④

白黒タピオカが珍しい

新鮮なフルーツが使用されている紅茶系ドリンク店。甘さと氷の量が選べるのでお好みでオーダーしましょう。タピオカが甘いので微糖がオススメ。

珍煮丹飲品

（ジェン ジュウ ダン イン ピン）

MAP②

濃厚黒糖タピオカ

黒糖が濃厚で香ばしい、弾力があるタピオカは飲み応えあり。こちらも砂糖を少なめに調節して。

ゴシック体、楷書、明朝体。文字の大きさは7種類

日星鑄字行
(リー シーン ジュウ ズーハーン)

MAP ③

台湾に残る唯一の活版屋

プリンターの普及により、急激に衰退した活版印刷。「自分の買う文字だけ取る」「1度取った活字は元に戻さない」という注意点を守り、あとはひたすら探すのみ。

自分の欲しい文字と大きさを紙に書いて、お店の人に探してもらうと楽ちんです

選んだ活版を、印鑑ケースにはめてもらって完成

この機械で活版を作ります。機械自体がとても貴重

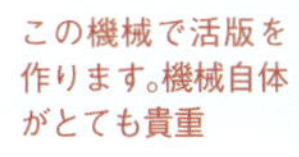

値段は文字数と大きさによります(150元〜)

香水のアトマイザーもガラス製の物が30元台から

瓶に中身を入れるジョウロもカラフルなのが台湾風

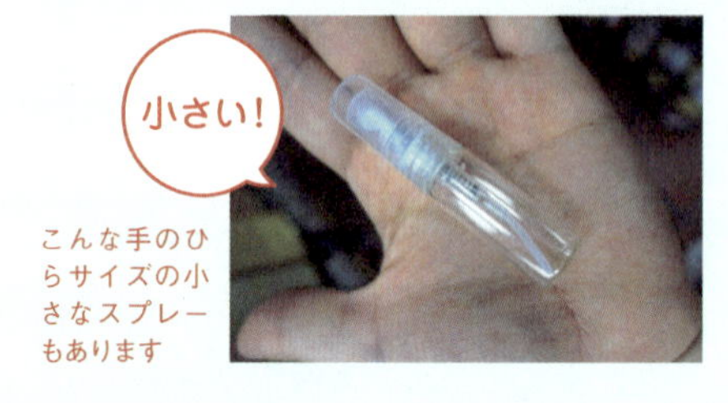

こんな手のひらサイズの小さなスプレーもあります

瓶瓶罐罐

(ピーン ピーン グワン グワン)

MAP⑤

激安容器専門店

ビーカーやフラスコなどの実験器具、化粧品用のスプレー容器、そしてガラス製キッチン用具まで。各種・各サイズ揃う専門店。入口から商品の豊富さにワクワク。

リボンなどのギフト用商品も豊富で目移りします

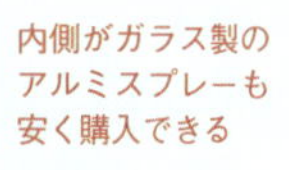

内側がガラス製のアルミスプレーも安く購入できる

オススメのエコ商品、ガラス製のマイストロー

袋袋相傳

(ダイ ダイ シアーン チュワン)

MAP⑥

袋用専門店でお土産用袋を

台湾で購入したばら撒き土産を入れる袋はこちらでゲット。もらうほうも、ワクワク度がUPする可愛い袋が豊富。オーガンジーの袋10枚で120元〜。サイズも豊富。

ゴシック体、楷書、明朝体。文字の大きさは7種類

日星鑄字行
（リー シーン ジュウ ズーハーン）

MAP③

台湾に残る唯一の活版屋

プリンターの普及により、急激に衰退した活版印刷。「自分の買う文字だけ取る」「1度取った活字は元に戻さない」という注意点を守り、あとはひたすら探すのみ。

自分の欲しい文字と大きさを紙に書いて、お店の人に探してもらうと楽ちんです

選んだ活版を、印鑑ケースにはめてもらって完成

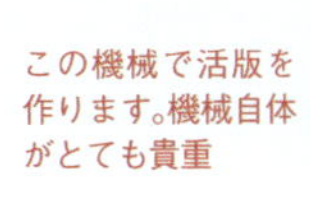

この機械で活版を作ります。機械自体がとても貴重

値段は文字数と大きさによります（150元〜）

香水のアトマイザーもガラス製の物が30元台から

瓶に中身を入れるジョウロもカラフルなのが台湾風

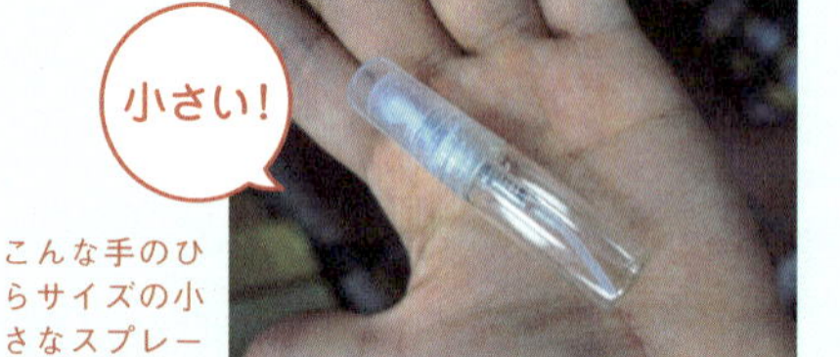

こんな手のひらサイズの小さなスプレーもあります

瓶瓶罐罐
(ピーン ピーン グワン グワン)

MAP⑤

激安容器専門店

ビーカーやフラスコなどの実験器具、化粧品用のスプレー容器、そしてガラス製キッチン用具まで。各種・各サイズ揃う専門店。入口から商品の豊富さにワクワク。

リボンなどのギフト用商品も豊富で目移りします

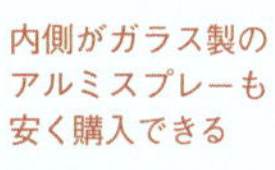

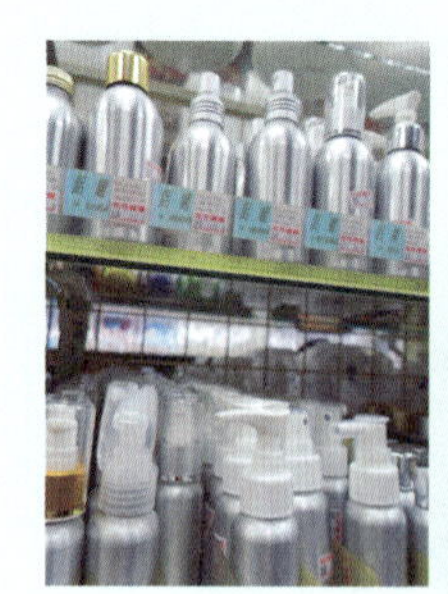

内側がガラス製のアルミスプレーも安く購入できる

オススメのエコ商品、ガラス製のマイストロー

袋袋相傳
(ダイ ダイ シアーン チュワン)

MAP⑥

袋用専門店でお土産用袋を

台湾で購入したばら撒き土産を入れる袋はこちらでゲット。もらうほうも、ワクワク度がUPする可愛い袋が豊富。オーガンジーの袋10枚で120元～。サイズも豊富。

ひとつの商品に、これだけの豊富な柄の品揃え

キュートなフクロウのキャラクターがお店の目印

朶莉倶樂部

(ドゥオ リー ジュイ ローァ プゥ)

MAP⑦

防水生地の雑貨屋さん

台湾では屋台の持ち帰りビニールが禁止になり、マイエコバッグやドリンクホルダーなどがブーム。柄も豊富なので、お気りに入りの柄を見つけて。

ドリンクホルダーは防水のものが110元～

ニラとお肉の韭菜水餃(60元)

珍珍水餃

(ジェン ジェン シュウイ ジャウ)

MAP⑧

つるつるモチモチのシンプル水餃子

地元の人でにぎわうのは、美味しさの証拠。

シンプルで素朴な味が優しく、思わずほっとします。子ども連れが多いのもうなずける。

揚げたてアツアツを買ってすぐ食べよう

脆皮鮮奶甜甜圈

(ツェイ ピー シエン ナイティン ティン チュエン)

MAP⑨

カリふわドーナツ

台北で今大人気のドーナッツ店。まとめ買いする人も続出。いちばん人気は「脆皮鮮奶甜甜圈」(20元)。まわりにたっぷりかかっているミルキーな粉が優しい甘さ。

台北市内の色々な場所で見かける、全聯福利中心・頂好超市(wellcome)・家楽福(carrefour)などのスーパー。遅くまで開いているので、お土産を買うのには最適なんです。

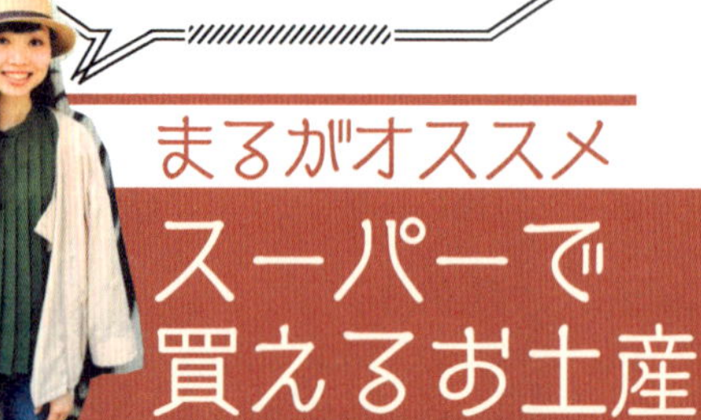

まるがオススメ

スーパーで買えるお土産

自然の顔
軽い食感の葱クラッカーは小腹対策にも

満漢大餐(珍味牛肉麺・葱焼牛肉麺)
牛肉を煮たような具材のパウチが入っていて、ちょっぴり高級感が味わえます

東方茉香奶綠・東方焙香烏龍奶茶
ウーロン茶やジャスミン茶のミルクティー。小分けになっているのでばら撒き土産に

沙茶醤
肉・魚・野菜、なんにでも合う万能調味料

化学麺
袋ごと、麺を砕いて食べる麺お菓子

川貝枇杷膏
昔ながらののど飴。のど痛みに効果あり!

蔭鳳梨
パイナップルの漬物。蒸し魚に合います

康寶濃湯
卵とまぜて本格的スープのでき上がり!

蔭樹子
塩茹でした台湾の特産品・樹子の醤油漬け

鉄蛋
台湾の定番、お酒のおつまみにオススメ

午後ルート 3

とっておきのパワースポット

午後ルート 3
山に登って金運をUPしよう

山の上にある、地元でも知る人ぞ知る金運UPのパワースポット。
台北市内を見下ろせる夜景が素晴らしい場所で、台湾の王道グルメも堪能しよう。

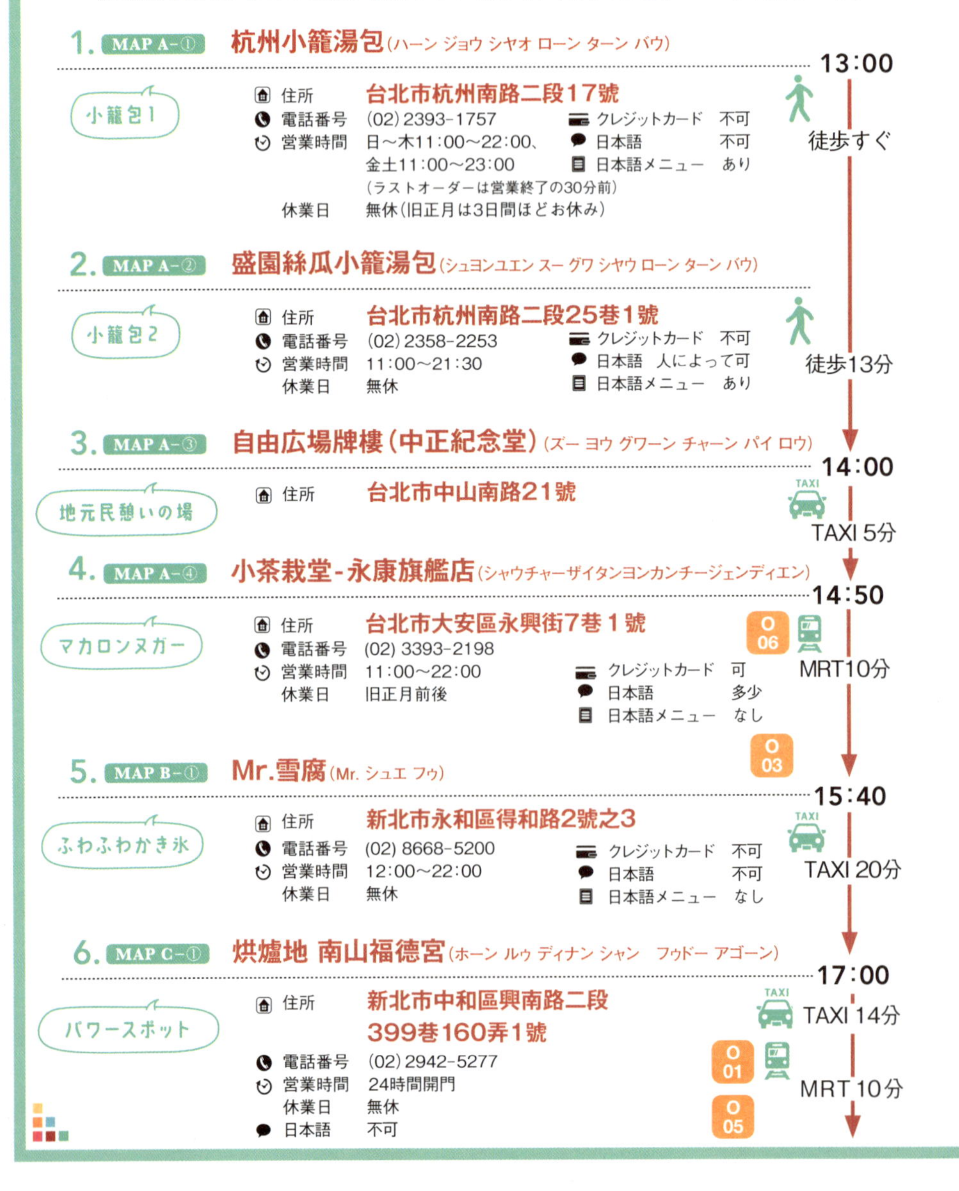

1. MAP A-① 杭州小籠湯包(ハーン ジョウ シヤオ ローン ターン バウ)

13:00

小籠包1

住所 台北市杭州南路二段17號
電話番号 (02) 2393-1757
営業時間 日～木11:00～22:00、金土11:00～23:00
(ラストオーダーは営業終了の30分前)
休業日 無休(旧正月は3日間ほどお休み)
クレジットカード 不可
日本語 不可
日本語メニュー あり

徒歩すぐ

2. MAP A-② 盛園絲瓜小籠湯包(シュヨンユエン スー グワ シヤウ ローン ターン バウ)

小籠包2

住所 台北市杭州南路二段25巷1號
電話番号 (02) 2358-2253
営業時間 11:00～21:30
休業日 無休
クレジットカード 不可
日本語 人によって可
日本語メニュー あり

徒歩13分

3. MAP A-③ 自由広場牌樓(中正紀念堂)(ズー ヨウ グワーン チャーン パイ ロウ)

14:00

地元民憩いの場

住所 台北市中山南路21號

TAXI 5分

4. MAP A-④ 小茶栽堂-永康旗艦店(シャウチャーザイタンヨンカンチージェンディエン)

14:50

マカロンヌガー

住所 台北市大安區永興街7巷1號
電話番号 (02) 3393-2198
営業時間 11:00～22:00
休業日 旧正月前後
クレジットカード 可
日本語 多少
日本語メニュー なし

O 06 MRT10分 O 03

5. MAP B-① Mr.雪腐(Mr. シュエ フウ)

15:40

ふわふわかき氷

住所 新北市永和區得和路2號之3
電話番号 (02) 8668-5200
営業時間 12:00～22:00
休業日 無休
クレジットカード 不可
日本語 不可
日本語メニュー なし

TAXI 20分

6. MAP C-① 烘爐地 南山福德宮(ホーン ルゥ ディナン シャン フウドー アゴーン)

17:00

パワースポット

住所 新北市中和區興南路二段399巷160弄1號
電話番号 (02) 2942-5277
営業時間 24時間開門
休業日 無休
日本語 不可

TAXI 14分
O 01 MRT 10分 O 05

各午前ルートエリアからの所要時間

午後ルート1・5→ G10 R08 中正紀念堂駅 TAXI タクシー12分

午後ルート2→ G10 R08 中正紀念堂駅17分

午後ルート3→ G10 R08 中正紀念堂駅10分

午後ルート4→ G10 R08 中正紀念堂駅 TAXI タクシー13分

MAP A

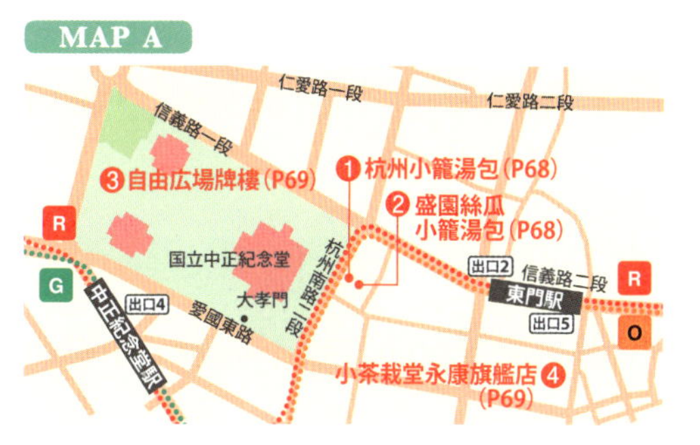

MAP C

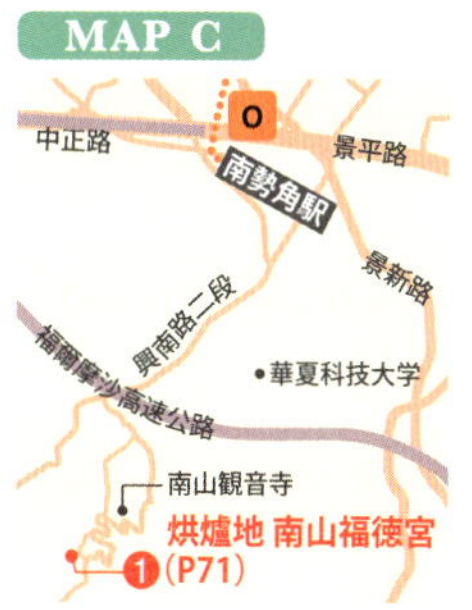

MAP B

MAP D

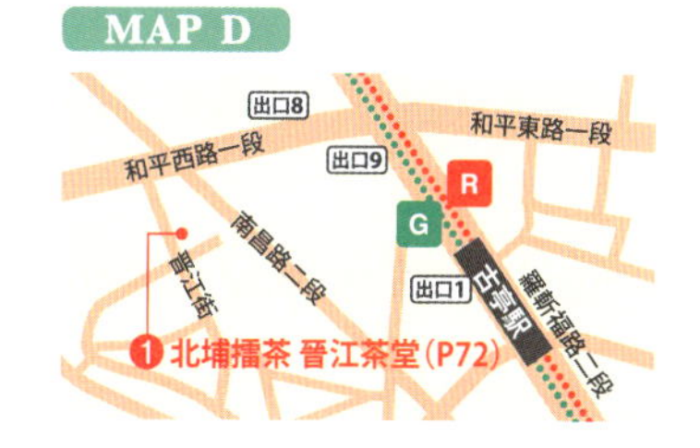

7. MAP D-① 北埔擂茶 晋江茶堂(ベイ ブウ レイ チャア ジン ジアーン チャア ターン)

19:00

擂茶と客家料理

住所	台北市晋江街1號	クレジットカード	不可
電話番号	(02)8369-1785	日本語	不可
営業時間	11:00～14:30、16:30～21:00	日本語メニュー	あり
休業日	不定休		

調味料はセルフサービス。取り放題

杭州小籠湯包
(ハーン ジョウ シャオ ローン ターン パオ)

MAP A-①

地元でも大人気店

キッチンの様子が見えて、台湾らしい活気あふれる店内。リーズナブルでも味は確かなので、地元でも人気は衰え知らず。皮は極薄で、濃厚スープがたっぷりな小籠包。

小籠湯包(150元/8個)
三鮮鍋貼(160元)
麻辣冬粉(90元)

おもち帰り

絲瓜小籠湯包
(140元)

人気店はどこも、お昼時間は大混雑。そんな時は、テイクアウトをオススメします

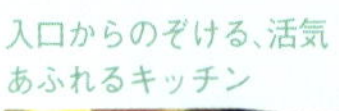

入口からのぞける、活気あふれるキッチン

高く積まれた蒸籠(せいろ)は、次々とテーブルへ運ばれていく

盛園絲瓜小籠湯包
(シュンユエン スー グウ シャウ ローン ターン パウ)

MAP A-②

あっさりヘチマの小籠包

店内のインテリアはとても台湾らしいおしゃれな雰囲気。絲瓜(ヘチマ)がふんだんに入ったあっさり味で、少なめスープの珍しい小籠包。写真つきの日本語メニューがあり。

絲瓜小籠包(140元/8個)

自由広場牌樓（中正紀念堂）
（ズー ヨウ グワーン チャーン パイ ロウ）

MAP A-③

市民の憩いの広場

中正紀念堂は中華民国初代大統領であった「蒋介石」に哀悼の意を込めて建てられました。広大な敷地には圧倒されます。

囲碁などをする人たちでにぎわっています

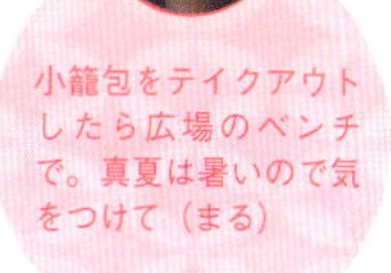
小籠包をテイクアウトしたら広場のベンチで。真夏は暑いので気をつけて（まる）

小茶栽堂-永康旗艦店
（シャウチャーザイタンヨンカンチージェンディエン）

MAP A-④

新しい組み合わせ、マカロンヌガー

マカロン（フランス菓子）と、ヌガー（台湾の定番お菓子である牛軋糖）の衝撃の出会い。お菓子のビジュアルもパッケージも可愛いので、お土産にオススメ。

夢幻馬力籠牛軋糖
（65元／1袋2個入り）

櫻花之戀佐鮮草莓(120元／冬季限定)

宇治金時(80元)

Mr.雪腐
(Mr. シュエ フゥ)

MAP B-①

フルーツたっぷり"雪花冰"

ふわふわな口どけが最高の、淡雪のようなミルクかき氷とフルーツの組み合わせ。新鮮なフルーツを使用し、添加物は一切使用していないので安心。

季節限定メニューなどもあり

この近くに住んでいたことがあり、あまりの美味しさに通った思い出が(ケンゴ)

台湾の夜景をバックにお参り

もともと知る人ぞ知るスポット。少し前までテレビ等の取材は禁止されていたけれど、最近解禁されてから台湾でも紹介されるようになったよ(ケンゴ)

夜にはライトアップされる福徳正神像

帰りは階段下の売店でタクシーを呼んでもらおう

烘爐地 南山福德宮

(ホーンルゥ ディナンシャン フゥドー アゴーン)

MAP C-①

絶景パワースポット

曲がりくねった山道をぐんぐん上がると見えてくる神像。ここは金運の神様として地元では有名な廟。見晴らしがよく、風水的にもとてもよいと言われています。遠くの台北101まで見える夜景も素晴らしい。

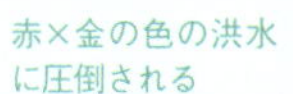

赤×金の色の洪水に圧倒される

インテリアも客家柄を取り入れている

客家擂茶（120元／ひとり）

壁に並べられた瓶入りの材料

北埔擂茶 晋江茶堂
（ペイ プウ レイ チャア ジン ジアーン チャア ターン）

MAP D-①

自分ですっていただく伝統茶

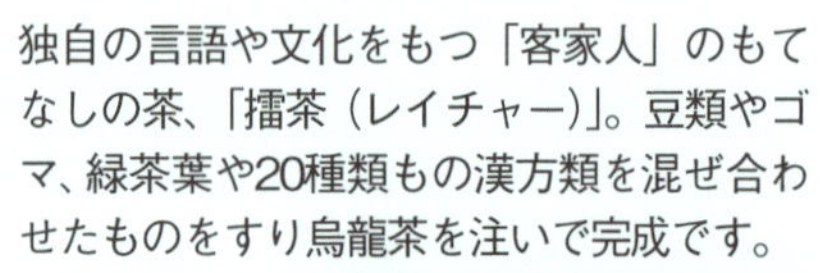

独自の言語や文化をもつ「客家人」のもてなしの茶、「擂茶（レイチャー）」。豆類やゴマ、緑茶葉や20種類もの漢方類を混ぜ合わせたものをすり烏龍茶を注いで完成です。

冷泉油鶏（250元）等料理も美味しい

午後ルート 4

烏來の山頂で癒されて

午後ルート 4
大自然とタイヤル族の文化にふれてみよう

台北市内から1時間以内で行けるので、午後からでも充分たのしめます。
トロッコやロープウェーで観光を満喫したら、大自然にほっと癒されて。

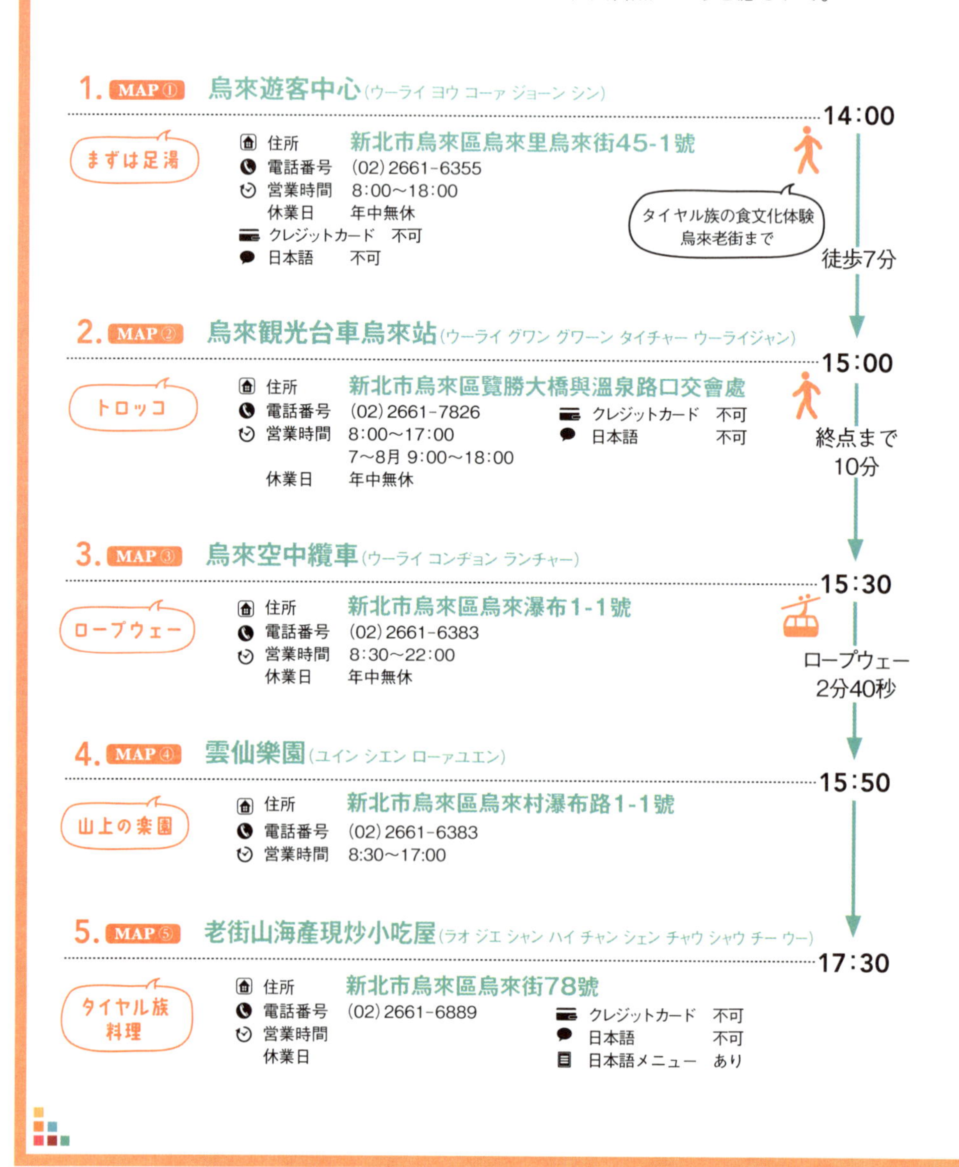

1. MAP① 烏來遊客中心(ウーライ ヨウ コーァ ジョーン シン)

14:00

まずは足湯

- 住所　新北市烏來區烏來里烏來街45-1號
- 電話番号　(02)2661-6355
- 営業時間　8:00〜18:00
- 休業日　年中無休
- クレジットカード　不可
- 日本語　不可

タイヤル族の食文化体験
烏來老街まで

徒歩7分

2. MAP② 烏來観光台車烏來站(ウーライ グワン グワーン タイチャー ウーライジャン)

15:00

トロッコ

- 住所　新北市烏來區覽勝大橋與溫泉路口交會處
- 電話番号　(02)2661-7826
- 営業時間　8:00〜17:00
  7〜8月 9:00〜18:00
- 休業日　年中無休
- クレジットカード　不可
- 日本語　不可

終点まで
10分

3. MAP③ 烏來空中纜車(ウーライ コンヂョン ランチャー)

15:30

ロープウェー

- 住所　新北市烏來區烏來瀑布1-1號
- 電話番号　(02)2661-6383
- 営業時間　8:30〜22:00
- 休業日　年中無休

ロープウェー
2分40秒

4. MAP④ 雲仙樂園(ユイン シエン ローァユエン)

15:50

山上の楽園

- 住所　新北市烏來區烏來村瀑布路1-1號
- 電話番号　(02)2661-6383
- 営業時間　8:30〜17:00

5. MAP⑤ 老街山海產現炒小吃屋(ラオ ジエ シャン ハイ チャン シェン チャウ シャウ チー ウー)

17:30

タイヤル族
料理

- 住所　新北市烏來區烏來街78號
- 電話番号　(02)2661-6889
- 営業時間
- 休業日
- クレジットカード　不可
- 日本語　不可
- 日本語メニュー　あり

各午前ルートエリアからの所要時間

午後ルート1・5 → G01 新店駅25分　午後ルート2→ G01 新店駅34分

午後ルート3→ G01 新店駅10分　午後ルート4→ G01 新店駅22分

※新店からのタクシーは固定定額680元（新店駅よりタクシーで23分）

午後ルート4

烏來の山頂で癒されて

渓谷の川の色はキレイな緑色

無料&気軽に試せる足湯（18時まで）

烏來駐在所の壁にはタイヤル族の代表的模様

老街入口には、日本のコンビニがあります

カラフルな野菜もタイヤル族の食材の特徴

「烏來泰雅民族博物館」は、入場料無料です

トイレやちょっとした休憩はこちらで

烏來遊客中心

（ウーライ ヨウ コーァ ジョーン シン）

MAP①

インフォメーションセンター

ここでは日本語で書かれたパンフレットを入手しよう。日本語は通じないけれど、案内人はとても親切。時間がある時は、温泉まで足を延ばしてみるのもグッド。

烏來名物のイノシシ肉のソーセージは甘めの味です

タイヤル族のモチーフがあしらわれた橋を渡ろう

ひなびた温泉街が川の向こうに見えます

滝が近くマイナスイオンがいっぱい

可愛い見ためだけれど馬力ありなトロッコ

烏來観光台車

(ウー ライ グワン グワーン タイチャー)

意外とスピーディでスリリング

昔は山林の中で伐採された木材を載せた運搬車だったトロッコ。今は観光客を瀑布エリアまで運ぶ足として大活躍。意外とスピードがありスリリング。

雲仙名物、粟のお団子

頭や手を外に出さないでね

タイヤル族のおばあちゃん。とても美しい！

台湾でできた友人の中には、タイヤル族の子がいます。みんな、女子は美しく、男は格好いい（ケンゴ）

ロープウェー&雲仙樂園入場料（220元）

この階段を登った上にロープウェー乗り場が

烏來空中纜車

(ウーライ コンヂョン ランチャー)

MAP ③

ロープウェーで上から滝を見よう

ロープウェーは川を越えて滝の上まで行きます。あっという間に頂上に到着します。烏來瀑布を上から眺めることができるので左前側に乗るのがオススメ。

「加油！」とは
「頑張って！」の意

雲仙樂園
（ユイン シエン ローァユエン）

MAP④

山頂のマイナスイオンの楽園

山の上にある、公園やホテルなどの施設を持つ雲仙樂園。公園があるのは標高500m。渓谷と森の中に作られているため真夏でも爽やかな風が流れています。

地元の人のレジャースポットになっています

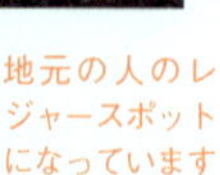

射的体験もできるよ

上から見る滝は迫力があり、見応えがある

竹筒ごはん(70元)
竹筒の中に炊き込みごはんが入っている

シャキシャキとした歯ごたえが美味しい川七

山珠葱、炒山蘇、山龍鬚茶など日本ではなじみのない山菜が並ぶ

老街山海産現炒小吃屋
（ラオ ジエ シャン ハイ チャン シエン チャウ シャウ チー ウー）

MAP⑤

素材の美味しさが生かされた料理がたのしめる

こちらでは、台北でもなかなか見かけることのない山菜やイノシシ肉など、珍しいタイヤル族の食材をつかった料理をいただけます。

熱炒とは台湾式居酒屋のこと

午後ルート 5

もうひとつの九份を探して

午後ルート　5

夜景だけではない！　新たな九份を見つけよう

九份から少しだけ先の金瓜石の絶景まで足を延ばしてみて。
人気の九份は、表通りだけではない。自分だけのお気に入りの風景を探すたのしみ方もあり。

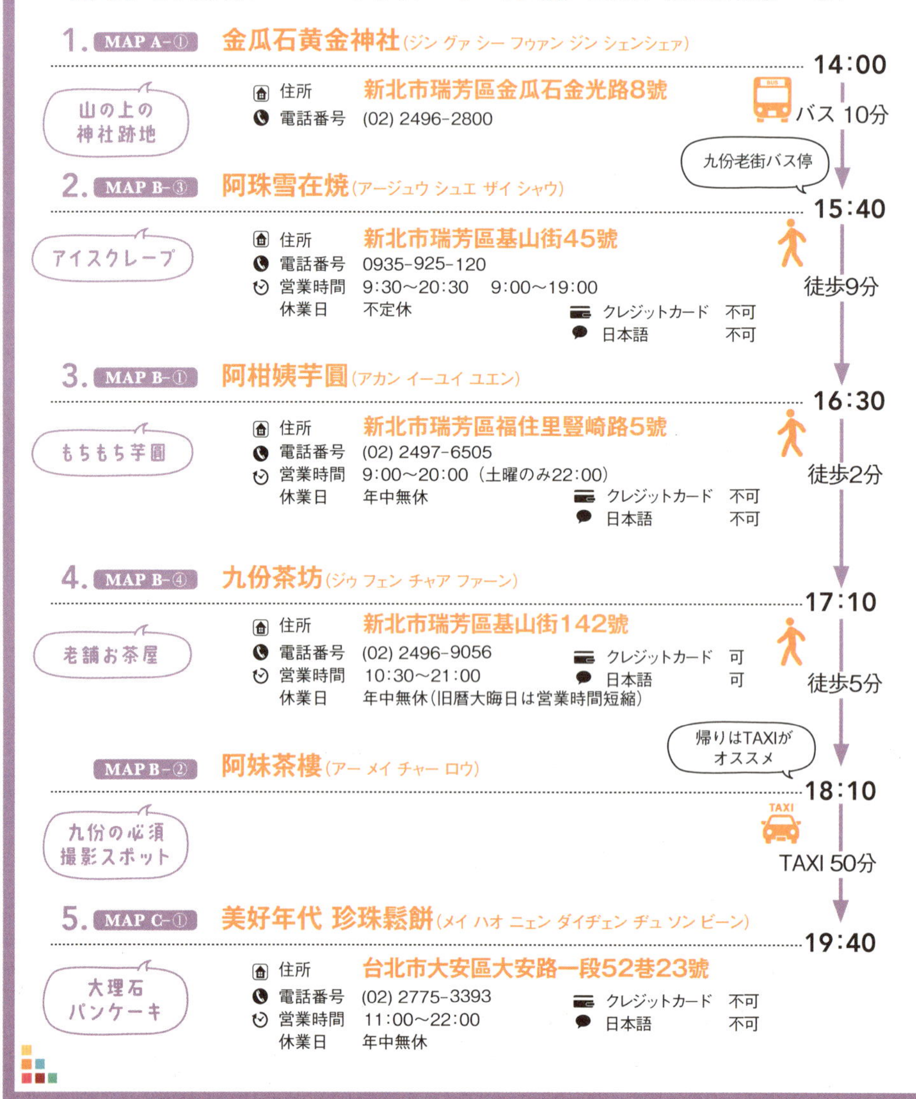

12:30 忠孝復興駅 ― バス 1時間半 → **14:00** 金瓜石（黄金博物館バス停）

1. MAP A-① 金瓜石黄金神社(ジン グァ シー フゥアン ジン シェンシェァ)

14:00

山の上の神社跡地

- 住所　新北市瑞芳區金瓜石金光路8號
- 電話番号　(02) 2496-2800

バス 10分

九份老街バス停

2. MAP B-③ 阿珠雪在焼(アージュウ シュエ ザイ シャウ)

15:40

アイスクレープ

- 住所　新北市瑞芳區基山街45號
- 電話番号　0935-925-120
- 営業時間　9:30〜20:30　9:00〜19:00
- 休業日　不定休
- クレジットカード　不可
- 日本語　不可

徒歩9分

3. MAP B-① 阿柑姨芋圓(アカン イーユイ ユエン)

16:30

もちもち芋圓

- 住所　新北市瑞芳區福住里豎崎路5號
- 電話番号　(02) 2497-6505
- 営業時間　9:00〜20:00（土曜のみ22:00）
- 休業日　年中無休
- クレジットカード　不可
- 日本語　不可

徒歩2分

4. MAP B-④ 九份茶坊(ジゥ フェン チャア ファーン)

17:10

老舗お茶屋

- 住所　新北市瑞芳區基山街142號
- 電話番号　(02) 2496-9056
- 営業時間　10:30〜21:00
- 休業日　年中無休(旧暦大晦日は営業時間短縮)
- クレジットカード　可
- 日本語　可

徒歩5分

帰りはTAXIがオススメ

MAP B-② 阿妹茶樓(アー メイ チャー ロウ)

18:10

九份の必須撮影スポット

TAXI 50分

5. MAP C-① 美好年代 珍珠鬆餅(メイ ハオ ニエン ダイチェン ヂュ ソン ビーン)

19:40

大理石パンケーキ

- 住所　台北市大安區大安路一段52巷23號
- 電話番号　(02) 2775-3393
- 営業時間　11:00〜22:00
- 休業日　年中無休
- クレジットカード　不可
- 日本語　不可

各午前ルートエリアからの所要時間

午後ルート1・5→ BL15 BR10 忠孝復興駅12分
午後ルート2→ BL15 BR10 忠孝復興駅20分
午後ルート3→ BL15 BR10 忠孝復興駅15分
午後ルート4→ BL15 BR10 忠孝復興駅11分

今回はバスで行きました！

- バス停は忠孝復興駅2番出口近く
- お釣りはでません。小銭用意か遊悠卡にチャージしておくのを忘れずに
- 乗車の際、運転手さんに「金瓜石（黄金博物館）」と伝えるかメモを見せて
- 山道なので、酔いやすいかたは酔い止めのご準備を

「金瓜石 1062 九份」に乗車。

「金瓜石（黄金博物館）」まで約1時間半（113元）

「金爪石（黄金博物館）」から九份老街（15元）

MAP C

その他の行き方

【電車+タクシーorバス】

① 台鉄・台北駅から瑞芳駅へは約40分から１時間。
② 瑞芳駅から九份老街まで約15分
バス（15元）
タクシー（一律205元）

【タクシー】

台北駅から、約1時間。
（料金は約1200元）
忠孝復興から九份
乗合いで1人200～250元
※但し白タクにはご注意ください

帰りは屋根付きのバス停の向かい側（写真右側）のバス停に乗車

MAP B

急な石段が続きます。足元に気をつけて登って

人気の九份エリアに来るなら、ぜひここまで来てほしい（ケンゴ）

晴れた日は遠く海まで見渡せて本当に気持ちがよい

案内の立て看板についた、坑内員を形どったものが可愛い

日本式建築「四連棟」や、トロッコのレールがレトロ

金瓜石黄金神社
（ジン グァ シー フゥアン ジン シェンシェァ）

MAP A-①

絶景の金運上昇パワースポット

黄金博物館から石段を登ること20分。そこに現れる、数本の柱が残った神社跡から歴史を感じて。そして、苦労して登った先の宝物のような絶景に心奪われてます。

階段に佇む白黒猫もレトロで絵になる

九份
（ジゥフェン）

MAP B

映画セットのような風景

夕暮れ時が人気の九份。気がついたら人がすごくて歩けないほど。すこし早めについて、お茶を飲みながらゆっくりライトアップ（18時）を迎えるのが定番。

九份小学校を目指して、ぐんぐん階段を登っていこう

狭い路地にくつろぐ犬たち

夏はアイス
冬はホット

芋圓（４５元）

花生捲十冰淇淋(40元)

もちろん
パクチーなし
も可

阿柑姨芋圓
（アー ガン イー ユイ ユエン）

MAP B-①

階段を登りきった先にあるご褒美

もっちもちのイモ団子が評判のスイーツスポット。評判の芋圓の優しい甘さにほっとする。実は店の奥は隠れた絶景スポット。商品を受け取ったら奥に進もう。

阿珠雪在焼
（アー ェア　チュ シュェ ザイ シャウ）

MAP B-③

魅惑のスイーツで九份を食べ歩き

鉄板で薄く焼いた生地で、アイスクリームと飴状になったピーナッツ粉を巻いた、少しクセになる台湾版クレープ。パクチーはお好みで入れてもらおう。

日本語で、お茶のいれ方も教えてくれます

九份茶坊
（ジゥ フェン チャー ファン）

MAP B-④

築150年の歴史を感じる茶芸館

九份で最初に開館したといわれる茶芸館。ギャラリーなども併設されており、ゆったりと過ごせる。夕暮れ時より少し早めにテラス席でスタンバイしてみよう。

まるで、映画のセットのよう　傘たてを見張る番犬

階段を登るとメインの通りとつながっている

猫に誘われて曲がった路地では、いろんな風景と出会うことができるよ（ケンゴ）

阿妹茶樓
（アー メイ チャー ロウ）

MAP B-②

九份を代表する夜景撮影スポット

映画のロケ地として有名になった茶芸館。日が暮れると、少しずつ赤い提灯が灯る。その様子は、何度見てもやっぱり感動。ぜひその目で確かめよう。

珍珠奶茶鬆餅塔（230元）

美好年代 珍珠鬆餅
（メイ ハオ ニェン ダイチェン チュ ソン ピーン）

MAP C-①

タピオカミルクティーパンケーキ

店内のアンティークな雰囲気が人気のカフェ。ミルクティー味のパンケーキに、たっぷりの黒タピオカ、あっさりしたクリームをサンドした新感覚のスイーツ。

店内のインテリアも凝っているので、いろいろ見てみて

ここのパンケーキはしっとりふわふわ。今まで食べた中で1、2位を争うほどうまい（ケンゴ）

他の味も美味しそうでひかれる

お茶だけではなく、美味しいコーヒーも飲みたくなる

1DAYトリップ1

欲張り淡水

1DAYトリップ1

食べ歩き・史跡巡り・夕景・カフェを欲張ろう

天気がよければ、淡水にプチトリップ決定です。台北からあっという間。
フェリーに乗ったり、サイクリングしたりしながら夕焼けを待とう。そして素晴らしい夜景を。

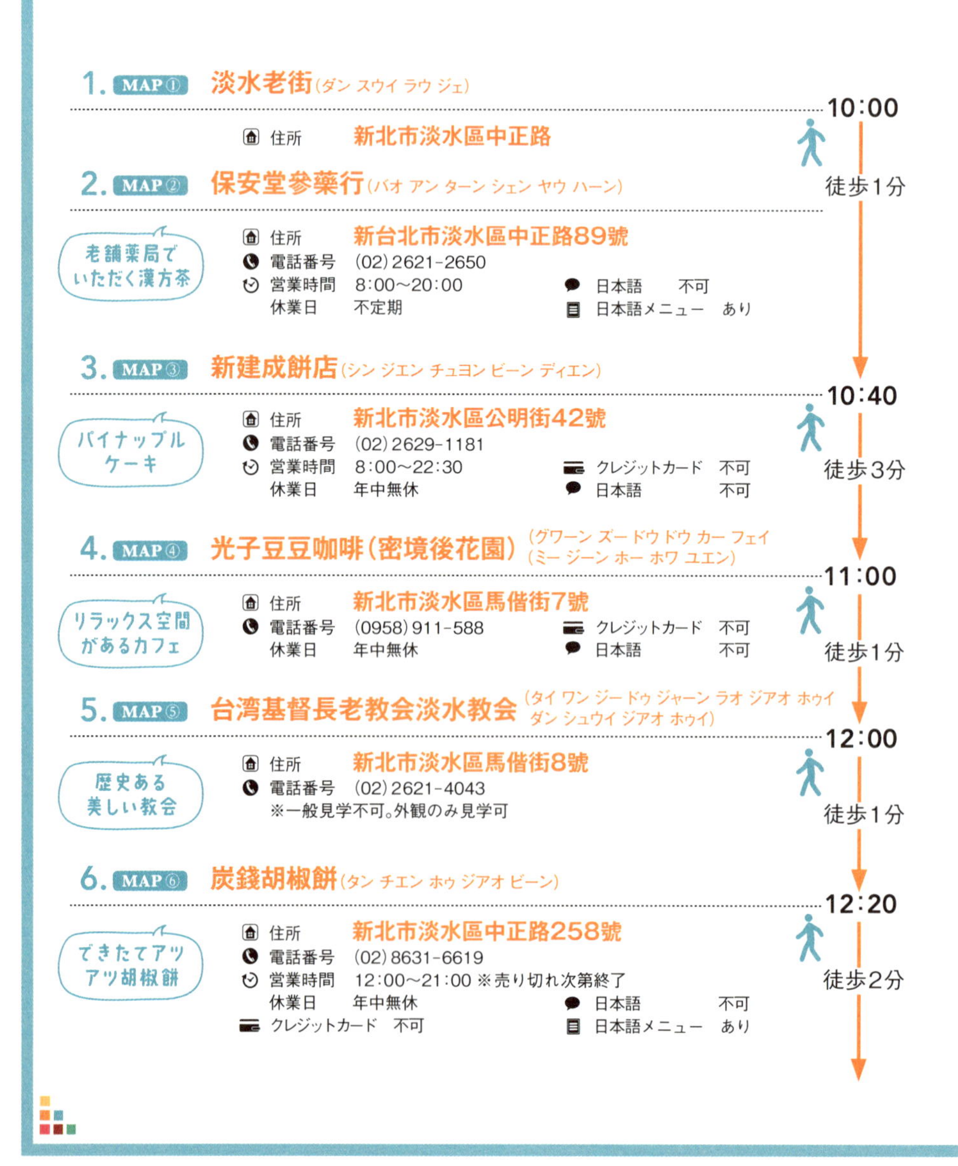

1. MAP① **淡水老街**(ダン スウイ ラウ ジェ)

10:00

住所　新北市淡水區中正路

徒歩1分

2. MAP② **保安堂参藥行**(バオ アン ターン シェン ヤウ ハーン)

老舗薬局でいただく漢方茶

住所　新台北市淡水區中正路89號
電話番号　(02)2621-2650
営業時間　8:00〜20:00
休業日　不定期
日本語　不可
日本語メニュー　あり

3. MAP③ **新建成餅店**(シン ジエン チュヨン ビーン ディエン)

10:40

パイナップルケーキ

住所　新北市淡水區公明街42號
電話番号　(02)2629-1181
営業時間　8:00〜22:30
休業日　年中無休
クレジットカード　不可
日本語　不可

徒歩3分

4. MAP④ **光子豆豆咖啡(密境後花園)**(グワーン ズー ドウ ドウ カー フェイ)(ミー ジーン ホー ホワ ユエン)

11:00

リラックス空間があるカフェ

住所　新北市淡水區馬偕街7號
電話番号　(0958)911-588
休業日　年中無休
クレジットカード　不可
日本語　不可

徒歩1分

5. MAP⑤ **台湾基督長老教会淡水教会**(タイ ワン ジー ドゥ ジャーン ラオ ジアオ ホゥイ ダン シュウイ ジアオ ホゥイ)

12:00

歴史ある美しい教会

住所　新北市淡水區馬偕街8號
電話番号　(02)2621-4043
※一般見学不可。外観のみ見学可

徒歩1分

6. MAP⑥ **炭錢胡椒餅**(タン チエン ホゥ ジアオ ビーン)

12:20

できたてアツアツ胡椒餅

住所　新北市淡水區中正路258號
電話番号　(02)8631-6619
営業時間　12:00〜21:00 ※売り切れ次第終了
休業日　年中無休
クレジットカード　不可
日本語　不可
日本語メニュー　あり

徒歩2分

7. MAP⑦ 正宗阿給老店（ジュヨン ゾーン アー ゲイラオ ディエン）

淡水名物阿給（アーゲイ）

12:45

住所 新北市淡水區中正路11巷4號
電話番号 (02) 2621-1785
営業時間 8:00〜22:00
休業日 年中無休
クレジットカード 不可
日本語 不可

徒歩1分

8. MAP⑧ 淡水渡船碼頭（八里行）（ダン スウイ ドゥ チュワン マン トウ（バー リーハーン））

フェリーで気分転換

13:30

住所 台北市新北市淡水區中正路11巷6號
電話番号 (02) 8630-1845
営業時間 夏 7:00〜20:00（休日は〜21:00）
冬 7:00〜19:00（休日は〜20:00）
休業日 年中無休
クレジットカード 不可
日本語 不可

フェリー5分

9. MAP⑬ 八里左岸公園（バー リー ズゥオ アン ゴーン ユエン）

サイクリング

13:45

住所 新北市八里區觀海大道36號

フェリー5分
徒歩10分

10. MAP⑨ 紅毛城（ホン マウ チェン）

紅いステキなお城

16:00

住所 新北市淡水區中正路28巷1號
電話番号 (02) 2623-1001
営業時間 9:30〜17:00（土・日〜18:00）
屋外 9:30〜22:00
休業日 第一月曜、旧正月のみ
クレジットカード 不可
日本語 不可
（日本語の案内あり）

徒歩4分

11. MAP⑩ 天使熱愛的生活（ティエン シー ローァ アイ ディー シュヨン ホオ）

淡水の最高の夕日を待とう

17:10

住所 新北市淡水區中正路233-1號
電話番号 (02) 8631-2928
営業時間 14:00〜0:00（月〜金）
13:30〜2:00（土・日）
休業日 年中無休
クレジットカード 不可
日本語 不可

徒歩6分

12. MAP⑪ 緣味古早味現烤蛋糕市場店（ユエンウエイ グゥ ザオ ウエイ シエン カオ ダン ガウ）

淡水名物ビッグカステラ

18:30

住所 新北市淡水區中正路135號
電話番号 (02) 2626-7860
営業時間 11:30〜19:00（平日）
9:00〜21:00（土・日・祝）

徒歩4分

13. MAP⑫ 海風餐廳（ハイ フオン ツァン ティー）

ピチピチ新鮮な海鮮

18:50

住所 新北市淡水區中正路17號
電話番号 (02) 2621-2365
営業時間 10:30〜20:30（月）
11:30〜20:30（火・木）
10:30〜21:00（水・金）
10:30〜22:00（土・日）
休業日 旧正月
クレジットカード 可
日本語 不可

台北車站駅→

淡水駅37分

※乗り換えなどの徒歩は含みません

台湾の文化発展を支えた人、馬偕（マッカイ）博士

キリスト教伝道者であり、おもに医療を通して伝道活動をおこないました。そのため、淡水には淡水教会をはじめ、彼に関連する遺跡がたくさんあります。この像は淡水老街廣場にあります。

中正路に並ぶ店には新たな発見があるかも!?

淡水老街
(ダン スウイ ラウ ジェ)

MAP①

台湾のベニス!?
川沿いの古い街並みを生かした老街

昔懐かしい雰囲気の食べ物屋さん、スイーツ、雑貨店、流行りのファッションやおもちゃを販売している店等多くの屋台や店が立ち並び、とても華やか。

飴掛けのトマト
糖葫蘆(20元)

昼間から家族連れでにぎわう定番観光スポット

オーナーが
調合していたよ

ブラウンシュガーロウガンショウガ茶

オリジナル茶や食品等、お土産に○

保安堂參藥行
(バオ アン ターン シェン ヤオ ハーン)

MAP②

100年の歴史をもつ老舗の漢方薬局。
オリジナル漢方茶をいただこう

老舗店の跡をつぐ女性オーナーが、最近お店を女性好みのテイストにリニューアル。店先では元気になる6種類の漢方茶を気軽にいただけます。(50元/1杯)

新建成餅店
(シン ジエン チュヨン ビーン ディエン)

MAP③

黄色の看板が目をひく、
地元ならではの雰囲気の餅菓子屋

素朴な店構えだけれど、味は確か。箱入りのお土産仕様のものはもちろん、パイナップルケーキは1個から購入可なので、食べ歩きにも最適です。

餅菓子はそれぞれ
1個80元前後

左:黒糖拿鐵(110元)　右:抹茶拿鐵(110元)

光子豆豆咖啡(密境後花園)

(グワーン ズー ドウ ドウ
(カー フェイ ミー ジーン ホー ホワ ユエン)

MAP④

偶然見つけた小さなコーヒーショップの秘密

オーナー1人で店を回す、一見座席数も少ない小さな店舗。カラフルで可愛い店先の様子が気になり、思わずのぞくと奥に素敵空間が待ちかまえていました。

なんと、靴を脱いでくつろげる空間が広がる

お店のロゴにもオーナーのセンスが見えます

淡水は素敵カフェがいっぱい。あくせくせず、お気に入りのお店を見つけてのんびり過ごしてみよう

台湾基督長老教会淡水教会

(タイ ワン ジー ドゥ ジャーン ラオ ジアオ ホゥイ ダン シュウイ ジアオ ホゥイ)

MAP⑤

台湾北部に現存する最も歴史ある長老教会

淡水老街を抜けたマッカイ像がある辺りの小道に入っていくと見えてくる、赤いレンガの建物が可愛い教会。よくウエディングドレスを着たカップルが撮影していたりする、とても絵になるスポット。

淡水のメインストリートでもある中正路からも教会の建物が見えます

台湾で「餅」とは、焼いた小麦粉でできた食べ物で、外はパリパリ、中がもっちりとしています。日本でいうパンのようなものです（まる）

お店の人が丁寧に胡椒餅を包んでいます

炭銭胡椒餅

（タン チエン ホゥ ジアオ ビーン）

MAP⑥

ちょっと焦げめのついた皮に、熱々ジューシーなお肉がたっぷり！

行列覚悟の人気胡椒餅店。個数を伝えて待とう。赤肉胡椒餅（豚もも）と、五花肉胡椒餅（豚ばら肉）。どちらもネギがたっぷりでジューシー。赤肉胡椒餅のほうが八角の風味が強いので苦手な人は参考に。

熱い肉汁がとび出るので要注意

赤肉胡椒餅
五花肉胡椒餅
（各40元）

中にひき肉が入っているよ！

正宗阿給老店

（ジュヨン ゾーン アー ゲイラオ ディエン）

MAP⑦

淡水名物B級グルメ、阿給（アーゲイ）と魚丸湯（ユーワンタン）

油あげの中に春雨がタップリ詰まっている「阿給」。甘辛くトロミのあるタレと絡めていただきます。「魚丸湯」は魚のすり身団子のことで、こちらはあっさり味のスープで優しいお味です。

タレが甘めなので、テーブルの上にある豆板醤を加えると、ピリッと辛くなり２度美味しさをたのしめます

淡水渡船碼頭

（ダン スウイ ドゥ チュワン マン トウ）

MAP⑧

せっかく淡水にきたのなら、フェリーに乗って川を渡ろう

川沿いに出たら、渡船頭（船着場）を発見。いくつか行先はあるようですが、今回は便数も頻繁に運行している、向こう岸にある八里に行ってみましょう。天気のよい日は、海風が心地よくてテンションが上がります。

枚数と行先を書いて渡せばOK

50cmの高さがある摩天ソフトクリーム

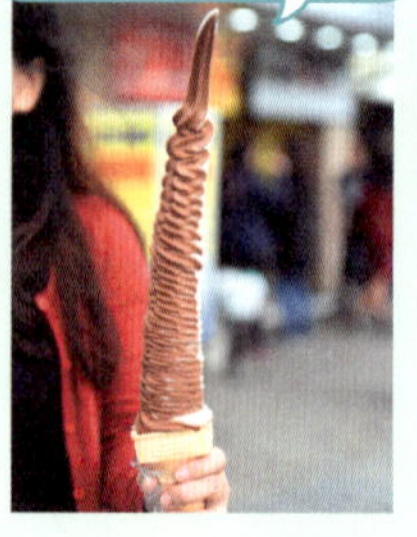

マッカイ博士の像を見つめる男性も

こちらでも悠遊卡も使用可

八里左岸公園

（バー リー ズゥオ アン ゴーン ユエン）

MAP⑬

こぢんまりとした港町“八里”

南国風情のある、川沿いの公園をぶらぶら散歩。キレイに整備された公園はサイクリングコースが完備されているので、自転車を借りて散策もあり。

1時間（250元）
パスポートが必要です

イカのフライ

紅毛城

（ホン マウ チェン）

MAP⑨

台湾における最古建築の1つ

かつては城塞、その後はイギリス領事館だった建物。見学可能な建物内は、リビングや書斎、台所、暖炉、トイレ等。当時の洋館の内部がよく残されていて見応えあり。

入場は無料です

蔦がからまって素敵な入口

天使熱愛的生活

（ティエン シー ローァ アイ ディー シュヨン ホオ）

MAP⑩

川沿いのカフェで夕陽を待とう

細い階段を登った、建物の2階にある名前もチャーミングなお気に入り小さなカフェ。窓がないので開放的。狭いけれど居心地がとてもよいのです。

足元も開放的なテラス席が夕陽の特等席

天気がよければ素晴らしい夕陽に出会えます

淡水の川沿いには、たくさんのカフェが並びます。少し早めからよい席をとって夕陽を待つのがベスト（まる）

緣味古早味現烤蛋糕
（ユエンウエイ グゥ ザオ ウエイ シエン カオ ダン ガオ）

MAP ⑪

いつも行列のふわふわカステラ

シンプルなカステラはもち帰って、ゆっくりスタートしたい朝のホテルの部屋でのちょっとした朝食がわりにもオススメ。原味（90元）がいちばん人気だけれど、期間限定の味もあるので要チェック。

台湾市内でも、流行っていたのか、いくつか見かけたカステラ屋さん。でもここがいちばん美味しかった

海風餐廳
（ハイ フオン ツァン ティー）

MAP ⑫

入口に並ぶ新鮮な魚介に目が奪われる、老舗の人気海鮮料理店

一度閉店したものの、根強い要望から復帰を果たしたという名店。入口付近にいる赤いエプロンのおばさんたちに食べたい物を指差しでオーダー。調理方法も焼く・煮る・炒めるから選べます。

ミニタコやエビはスチームで

シンプルな塩焼きに

1DAYトリップ 2

陶器の街と三峡老街

1DAYトリップ 2

台北近郊の陶器の町・鶯歌と赤レンガの100年老街を堪能

鉄道に乗って旅気分をもっと高めよう！台湾随一の陶芸の街と、古い街並みが印象的な三峡を目指します。鶯歌駅は台北駅から縦貫線（西部幹線）に揺られて30分ほど。

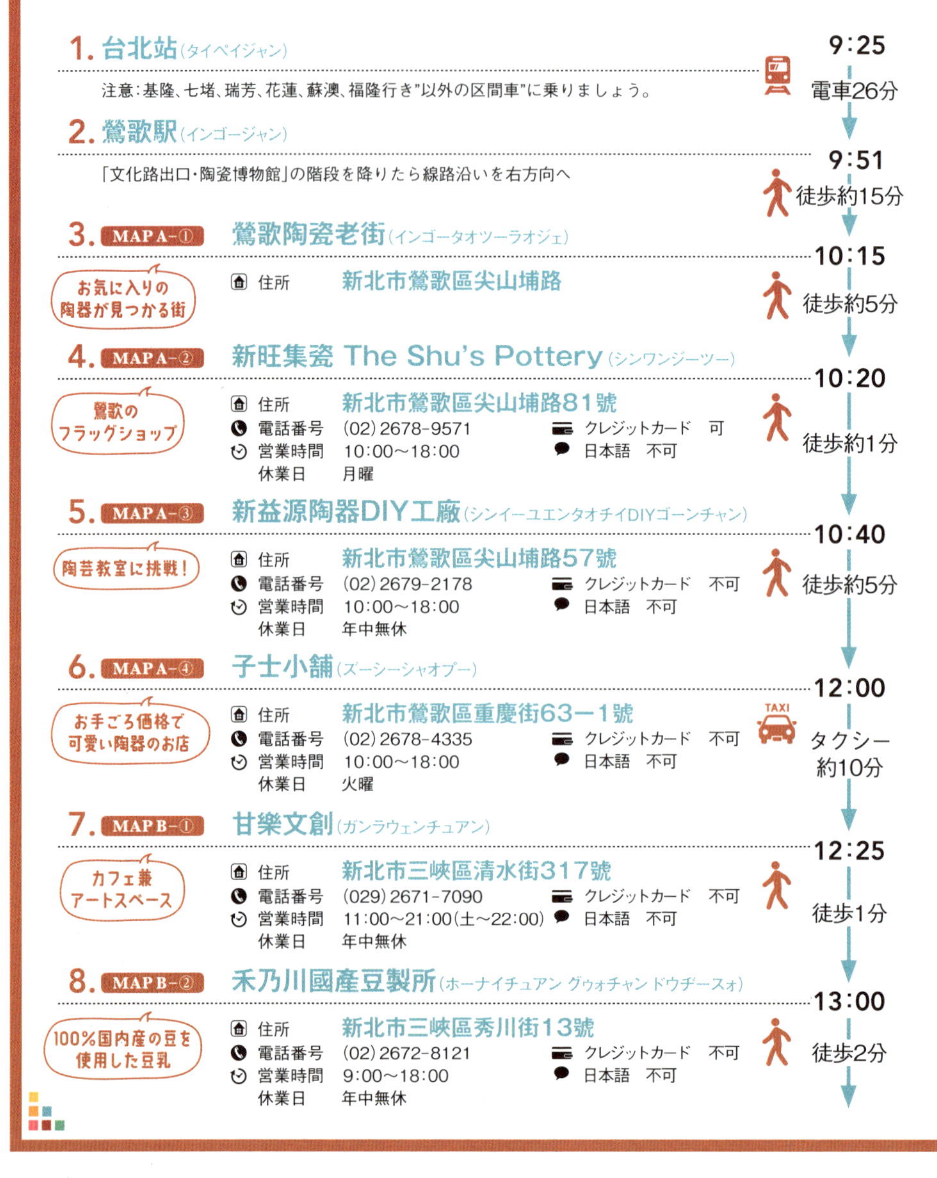

1. 台北站（タイペイジャン） 9:25

注意：基隆、七堵、瑞芳、花蓮、蘇澳、福隆行き"以外の区間車"に乗りましょう。

電車26分

2. 鶯歌駅（インゴージャン） 9:51

「文化路出口・陶瓷博物館」の階段を降りたら線路沿いを右方向へ

徒歩約15分

3. MAP A-①　鶯歌陶瓷老街（インゴータオツーラオジェ） 10:15

お気に入りの陶器が見つかる街

住所　新北市鶯歌區尖山埔路

徒歩約5分

4. MAP A-②　新旺集瓷 The Shu's Pottery（シンワンジーツー） 10:20

鶯歌のフラッグショップ

住所　新北市鶯歌區尖山埔路81號
電話番号　(02) 2678-9571
営業時間　10:00～18:00
休業日　月曜
クレジットカード　可
日本語　不可

徒歩約1分

5. MAP A-③　新益源陶器DIY工廠（シンイーユエンタオチイDIYゴーンチャン） 10:40

陶芸教室に挑戦！

住所　新北市鶯歌區尖山埔路57號
電話番号　(02) 2679-2178
営業時間　10:00～18:00
休業日　年中無休
クレジットカード　不可
日本語　不可

徒歩約5分

6. MAP A-④　子士小舖（ズーシーシャオプー） 12:00

お手ごろ価格で可愛い陶器のお店

住所　新北市鶯歌區重慶街63ー1號
電話番号　(02) 2678-4335
営業時間　10:00～18:00
休業日　火曜
クレジットカード　不可
日本語　不可

タクシー約10分

7. MAP B-①　甘樂文創（ガンラウェンチュアン） 12:25

カフェ兼アートスペース

住所　新北市三峡區清水街317號
電話番号　(029) 2671-7090
営業時間　11:00～21:00（土～22:00）
休業日　年中無休
クレジットカード　不可
日本語　不可

徒歩1分

8. MAP B-②　禾乃川國產豆製所（ホーナイチュアン グヴォチャン ドウヂースォ） 13:00

100%国内産の豆を使用した豆乳

住所　新北市三峡區秀川街13號
電話番号　(02) 2672-8121
営業時間　9:00～18:00
休業日　年中無休
クレジットカード　不可
日本語　不可

徒歩2分

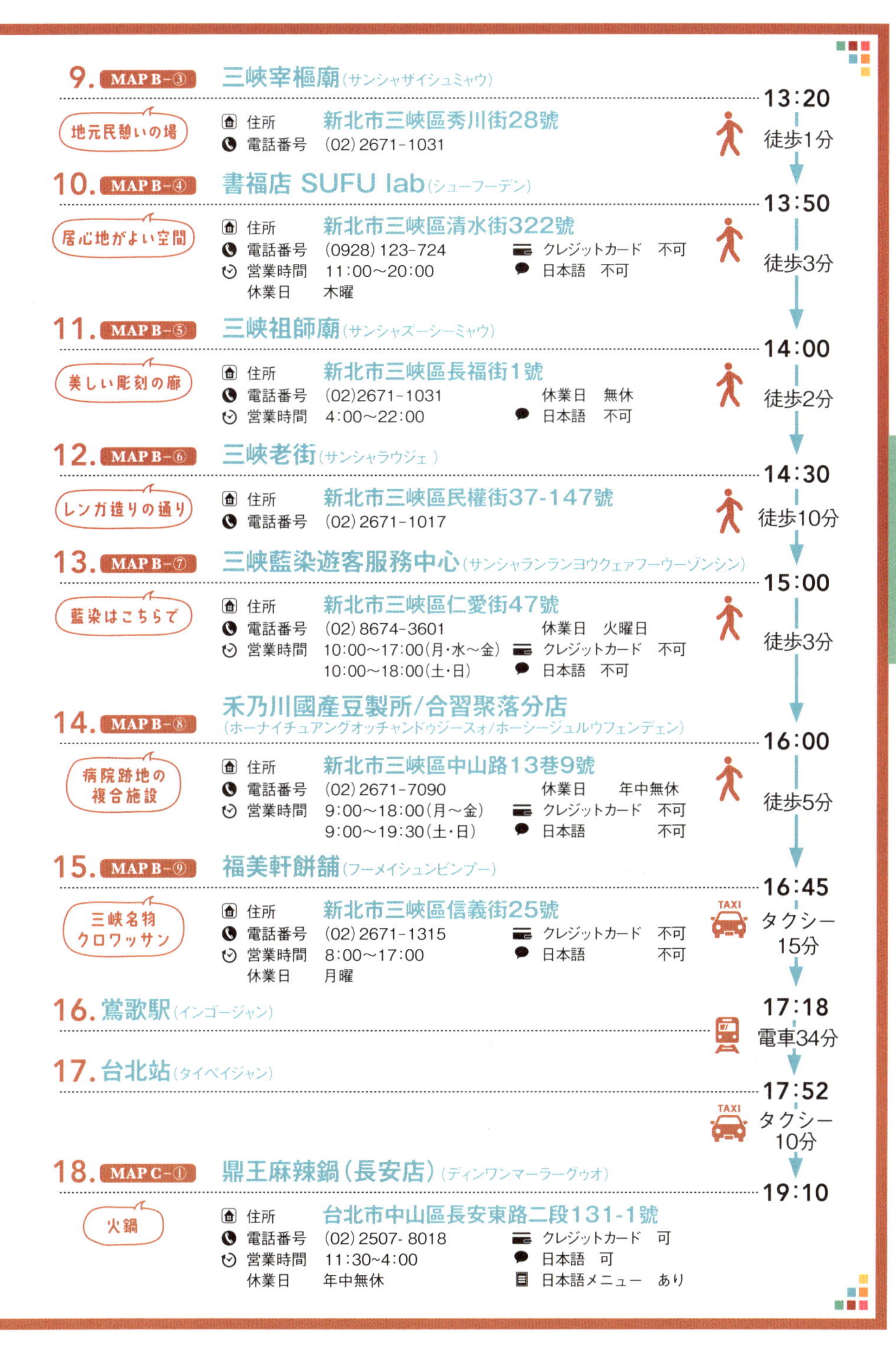

9. MAP B-③ 三峡宰樞廟(サンシャザイシュミャウ)

13:20

地元民憩いの場

住所 新北市三峡區秀川街28號
電話番号 (02) 2671-1031

徒歩1分

10. MAP B-④ 書福店 SUFU lab(シューフーデン)

13:50

居心地がよい空間

住所 新北市三峡區清水街322號
電話番号 (0928) 123-724
営業時間 11:00～20:00
休業日 木曜
クレジットカード 不可
日本語 不可

徒歩3分

11. MAP B-⑤ 三峡祖師廟(サンシャズーシーミャウ)

14:00

美しい彫刻の廊

住所 新北市三峡區長福街1號
電話番号 (02)2671-1031
営業時間 4:00～22:00
休業日 無休
日本語 不可

徒歩2分

12. MAP B-⑥ 三峡老街(サンシャラウジェ)

14:30

レンガ造りの通り

住所 新北市三峡區民權街37-147號
電話番号 (02) 2671-1017

徒歩10分

13. MAP B-⑦ 三峡藍染遊客服務中心(サンシャランランヨウクェァフーウーゾンシン)

15:00

藍染はこちらで

住所 新北市三峡區仁愛街47號
電話番号 (02) 8674-3601
営業時間 10:00～17:00(月・水～金)
10:00～18:00(土・日)
休業日 火曜日
クレジットカード 不可
日本語 不可

徒歩3分

14. MAP B-⑧ 禾乃川國産豆製所/合習聚落分店
(ホーナイチュアングオッチャンドゥジースォ/ホーシージュルウフェンデェン)

16:00

病院跡地の複合施設

住所 新北市三峡區中山路13巷9號
電話番号 (02) 2671-7090
営業時間 9:00～18:00(月～金)
9:00～19:30(土・日)
休業日 年中無休
クレジットカード 不可
日本語 不可

徒歩5分

15. MAP B-⑨ 福美軒餅舗(フーメイシュンビンプー)

16:45

三峡名物クロワッサン

住所 新北市三峡區信義街25號
電話番号 (02) 2671-1315
営業時間 8:00～17:00
休業日 月曜
クレジットカード 不可
日本語 不可

TAXI タクシー15分

16. 鶯歌駅(インゴージャン)

17:18

電車34分

17. 台北站(タイペイジャン)

17:52

TAXI タクシー10分

18. MAP C-① 鼎王麻辣鍋(長安店)(ディンワンマーラーグゥオ)

19:10

火鍋

住所 台北市中山區長安東路二段131-1號
電話番号 (02) 2507- 8018
営業時間 11:30~4:00
休業日 年中無休
クレジットカード 可
日本語 可
日本語メニュー あり

台鉄・台北駅から鶯歌駅は26分（区間車）

MAP A

鶯歌駅からの行き方

駅の1階に降りたら右に進もう

川沿いに、鶯歌らしい陶器の看板を発見

あとひと息！坂道をどんどん登っていきます

鶯歌老街が、二股にわかれてはじまります

MAP B

文化路
文化路
復興路
民生街
和平街
信義街
三峡老街バス停（鶯歌から）
民生街
三峡老街バス停
（鶯歌へ）
9 福美軒餅舗（P107）
8 禾乃川國產豆製所/
合習聚落分店（P107）
2 禾乃川國產豆製所（P104）
三峡歴史文物館
秀川街
巷仔内切仔麵店
清水街
三峡拱橋
中山路
三峡祖師廟（P105）
1 甘樂文創（P104）
5
3 三峡宰樞廟（P105）
仁愛街
中山路13巷
秀川街
清水街
長福街
三峡老街（P106）6
4 書福店 SUFU lab（P105）
長福橋
民權路
安溪路
藍染公園
鄭記三角猪血糕
7 三峡藍染
遊客服務中心（P106）
仁愛街
三峡溪
中華路
三峡河
安溪路
三峡南橋

MAP C

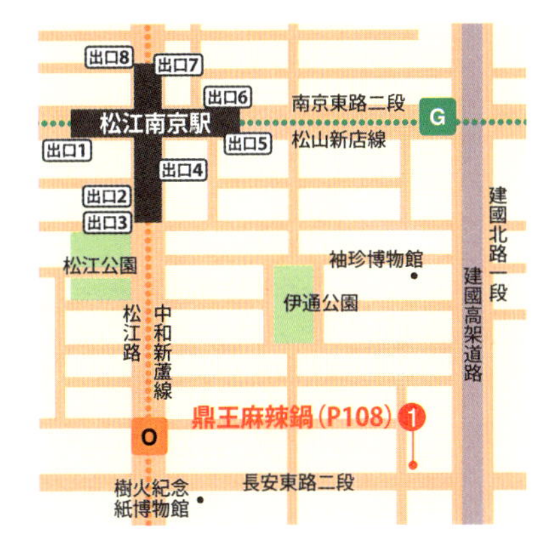
出口8
出口7
出口6
南京東路二段
G
松江南京駅
出口1
出口5
松山新店線
出口4
出口2
出口3
建國北路一段
松江公園
袖珍博物館
伊通公園
建國高架道路
松江路
中和新蘆線
鼎王麻辣鍋（P108）1
O
樹火紀念
紙博物館
長安東路二段

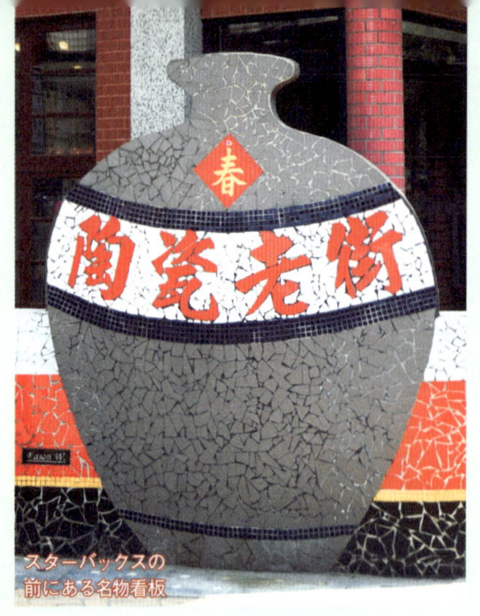

スターバックスの前にある名物看板

通りにはびっしりと陶器店が並びます

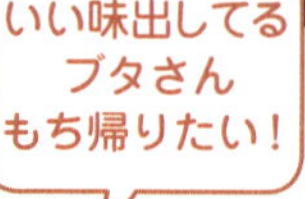

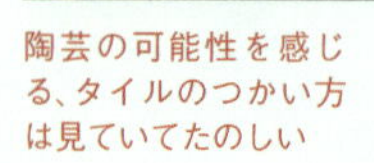

陶芸の可能性を感じる、タイルのつかい方は見ていてたのしい

鶯歌陶瓷老街
（インゴータオツーラオジェ）

MAP A-①

伝統的な陶磁器の街

石畳みの道の両側に、陶器のお店がびっしりと並ぶ。伝統的な高級品から、日常づかいの物まで。自分好みの掘り出し物を見つけて。陶芸教室もあります。

こちらでは、陶芸教室の予約がインターネットで可能です。日本への郵送サービス（835元）もあるので安心（まる）

お湯を入れると模様が浮かぶ、オリジナルの新商品

新旧、充実の品揃えは見応えあり

新旺集瓷 The Shu's Pottery
（シンワンジーツー）

MAP A-②

博物館・ショップ・カフェが入った複合施設

4代にわたり、発展する街の大改造と盛衰を見守ってきた、鶯歌のアイコン的ショップ。店の床下はガラス張りになっていて、昔の工場だった時の様子を見ることができます。陶芸体験もでき、日本に発送可能。

可愛い陶器の案内を目印に

時間制限がないのでじっくり取り組める

新益源陶器DIY工廠
(シンイーユエンタオチイDIYゴーンチャン)

MAP A-③

100年の歴史をもつ古い工場

裏通りにあるとても歴史のある窯をもつ工房。鶯歌の歴史を見て支えてきた窯がいつから使用されているかは、店員さんたちもわからないほど、古い物だそうです。

オリジナル商品を多く扱います

鶯歌光點美學館。トイレもキレイなのでちょっとした休憩はここで

子士小舗
(ズーシーシャオプー)

MAP A-④

厳選された女子好みの品揃え

オリジナルの鶯歌産にこだわった花布柄の陶器が充実する店。「最近は入荷してもすぐなくなるよ」と店員さんは話す。いい物があれば迷わずゲットしよう。

ここの街にも、"食べ歩き台湾"ができる屋台があります。小腹を満たしてみては

客家柄(花柄)の食器がたくさん

古い建物を新しい屋根で覆って保護している

お店の入口に三峡の街が描かれた陶器

甘樂文創
（ガンラウェンチュアン）

MAP B-①

三峡観光のベーススポット

古民家を改築して造られ、音楽・芝居・写真等の展示・公演活動が定期的に行われるアートスペース。この土地とその人々に寄り添う活動も行っているのも特徴。こちらでは、藍染体験も可能。

ルームメイトの幼馴染の祥程くんはこちらの社員さん。三峡を日本の人に知ってほしいと、案内してくれました（まる）

古い建物を、素敵にリノベーション

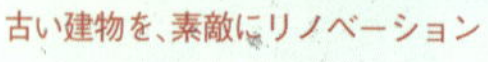

黒豆漿のほうがすっきりして好き

黃豆漿（微糖、無糖）（100元）
黑豆漿（微糖、無糖）（110元）

禾乃川國產豆製所
（ホーナイチュアン グゥォチャン ドウヂースォ）

MAP B-②

路地裏にたたずむ豆乳屋さん

豆乳消費量の多い台湾。実は今、そのほとんどは輸入の外国産大豆に頼っている。こちらでは、100％台湾産の豆を使用した商品作りをしています。

三峡宰樞廟
（サン シャ ザイ シュ ミャウ）

MAP B-③

古くから自然と人々が集まる広場

いつも人が集まっていた民家を廟として提供したという歴史があるスポット。中に入ると、住居だった様子が見てとれます。今でも、前庭には子どもや犬が集まり、地元ならではのいい雰囲気が漂う。

壁の土台に石が埋め込まれているのは、昔ながらの古い家の証拠

基礎に石をつかっているのが特徴

書福店 SUFU lab
（スーフーカフェラボ）

MAP B-④

素通りできない！お洒落カフェ

古民家をリノベーションして作られたコーヒーショップ。オーナーはここ三峡出身。今、三峡では、こうして一度流出した若い人材が、Uターンして戻ってきて街を盛り上げているそうです。

三峡祖師廟
（サンシャズーシーミャウ）

MAP B-⑤

台湾のサグラダファミリア

圧倒的な彫刻の素晴らしさ。1947年に三峡出身の芸術家、李梅樹氏が中心になって再建を始め、今なお作業中。柱の1本1本に繊細な細工が施されていて、芸術家たちの才能が集結して再建された廟。

常にたくさんの人々が集まる場所

三峡老街の入口の目印は赤レンガの派出所

レンガづくりの味わいあるストリート

社名入りのレンガや、看板の上の段からは当時なんのお店だったかがわかる。昔の名残を見つけてみよう

街に唯一残る棺桶屋さんだそうです

三峡老街

（サンシャーラオジェ）

MAP B-⑥

赤レンガが印象的なストリート

藍染め工房と川をつないでいた名残のトロッコ線路が

トロッコで運んだ木材で棺桶を作る店が立ち並んだところから歴史が始まった三峡老街。次第に街に川が流れていたことから染色も発展したという。当時使用した赤レンガは今の物とは比べ物にならないほど高価だったそう。

三峡藍染遊客服務中心

（サンシャランランヨウクェァフーウーゾンシン）

MAP B-⑦

気軽に藍染め体験

藍染めのことならなんでもわかるインフォメーションセンター。観光サービス相談、地元の小規模農家製品の提供、プロモーション製品の展示等されています。藍染体験（ハンカチサイズ）は200元～。

この壺の中には藍染の液がたっぷり

どんな柄にしたいか、悩みます

テラスのベンチはもともとあった病院のベッド

シックな黒い看板が目印

黒豆漿小(55元)
黄豆豆腐(65元)

禾乃川國産豆製所/合習聚落分店

(ホーナイチュアングオッチャンドゥジース/ホーシージュルウフェンデェン)

MAP B-⑧

テラスでひと休みもできる

禾乃川國産豆製所(P104)の工場兼カフェや、木彫や革細工のアーティストの工房、アーティストが滞在できる宿泊施設。元病院の建物をリノベーションしたもの。三峡再生のプログラムの取り組みのひとつ。

味噌やみりんも作っていたよ

"古い街"だけで終わらないように、ここから文化を発信できる環境づくりに取り組む甘樂食堂がプロデュースする施設です(まる)

福美軒餅舖

(フーメイシュンビンプー)

MAP B-⑨

三峡名物「牛角麵包(クロワッサン)」発祥の店

日本で食べるクロワッサンとはちょっと違う食感。バターが効いてとても美味しい。行列必至だけれど、20分に一度焼き上がるのですぐ順番が回ってきます。

この古い木も三峡の歴史を見ていると思うと、感慨深い気持ちに

三峡歴史文物館は元役場だった建物。展示内容は都度変わります

牛角麵包(20元/1個)

タレは
お好みで調合、
ごはん
食べ放題

麻辣鍋、東北酸菜鍋、鴛鴦鍋の３タイプ。麻辣鍋は辛さのレベルが４段階。東北酸菜鍋は酸っぱさのレベルが３段階で選べます（150元～）

お鍋のスープが少なくなったら、足してもらおう

鼎王麻辣鍋（長安店）

（ディンワンマーラーグゥオ）

MAP C-①

火鍋で野菜いっぱいお腹いっぱい

アンティーク家具や書画などのインテリアで統一され、テーブルの間も広く居心地がいい。店員さんの90度のお辞儀も名物。麻辣鍋と東北酸菜鍋を合わせた「鴛鴦鍋」を選んで、一度に２種類味わおう。

海鮮のすり身も加えよう

ラム肉（330元）

ホタテのすり身（298元）

豚薄切り肉（258元）

豆皮（揚げ湯葉）（98元）

1DAYトリップ3

ローカル路線の旅

1DAYトリップ 3

ローカル線でのんびり巡る猴硐・十分・菁桐

台北からスタートして、ローカル電車に乗ってみよう。電車の時間だけ気をつけ、あとはのんびり。電車にガタゴト揺られながら、自然いっぱいの車窓を見ていると癒されます。

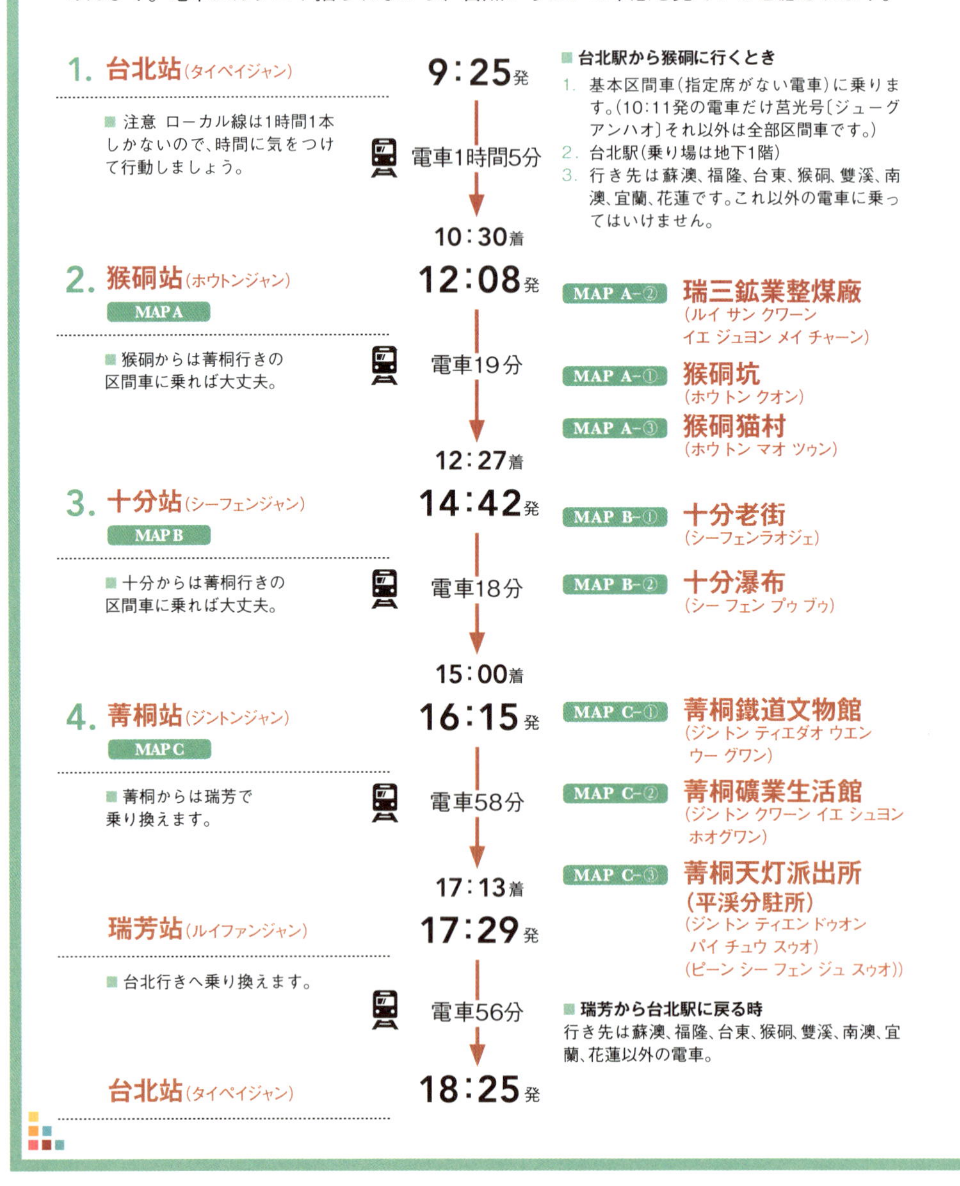

HOW to RIDE

台北駅で電車に乗るまで

①台湾鉄道(TAP)の乗り場は地下1階

②悠遊卡(ヨウヨウカー)で改札を通過

③月台(プラットホーム)は、4番です

④⑤待合スペースがあり、ここで飲食やスマホの充電もできます

⑥月台に降りたら、並んで待ちましょう

台北站(タイペイジャン)

TAXI タクシー10分

5. MAP D-① 三徑就荒Hermit's Hut(サン ジン ジョウ ホワーン ハーミッツ ハット)

19:00

1日の疲れをお茶で癒して

- 住所　台北市信義區忠孝東路四段553巷46弄15號
- 電話番号　(02)2746-6929
- 営業時間　13:00~20:00(月~金) 11:00~20:00(土・日・祝)
- 休業日　火曜
- クレジットカード　可
- 日本語　不可

TAXI タクシー5分

6. MAP D-② GUMGUM Beer & Wings 雞翅酒吧(ガムガム ビア アンド ウイングス ジー チー ジョウ バー)

20:30

クラフトビールとチキンウイング

- 住所　台北市信義區光復南路473巷11弄38號
- 電話番号　(02)2758-5987
- 営業時間　20:00~2:00
- 休業日　月曜日
- クレジットカード　可
- 日本語　不可

台鉄・台北駅から猴硐は1時間５分

MAP A

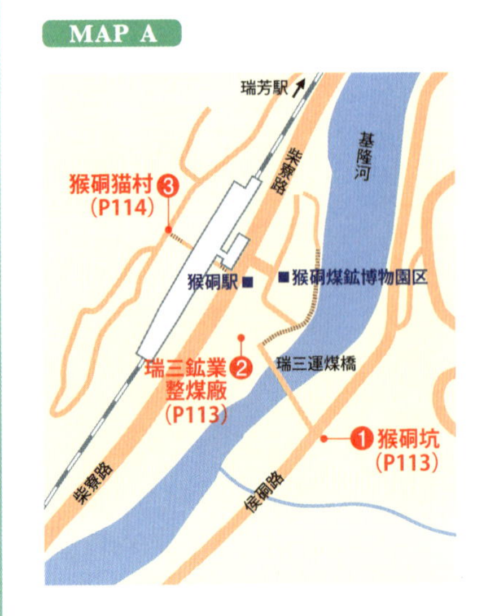

MAP B

MAP C

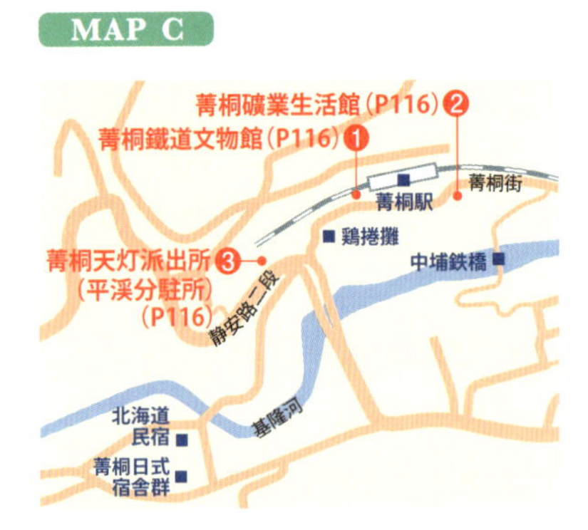

MAP D

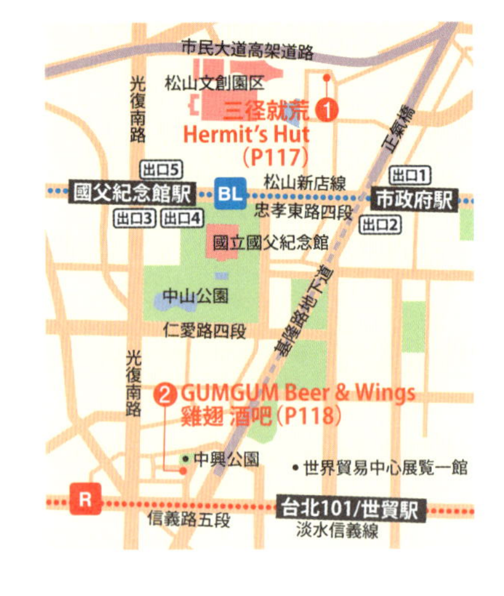

猴硐
（ホウトン）

MAP A

猫好きと廃墟マニアが集まる人気観光地へと変貌した田舎町

古くは炭坑の街。昔、猿（中国語で猴）がよく集まる場所であったため「猴」、炭抗では「洞」は水辺を表す文字で縁起が悪いと言われるため、現在の「猴硐」という地名になったそうです。

猴硐坑
（ホウ ドーン クオン）

MAP A-①

炭坑跡地をトロッコで見学可能

硐坑が開採されたのは1911年のこと。いくつかある中の炭坑のひとつが「猴硐坑」と名付られました。ここのトロッコはあまり知られていないので穴場です。時間は決まっておらず、ころ合いをみてスタート。

ひとり150元

トロッコはこの炭坑跡地に入っていきます

瑞三鉱業整煤廠
（ルイ サン クワーン イエ ジュヨン メイ チャーン）

MAP A-②

廃墟マニア垂涎の廃炭鉱跡地

まるで要塞のような、1920年に建設された炭坑工場跡地の廃墟群。建物の東側には「台湾初の貨物エレベーター」もあったそうです。地元の人たちはいつか工場を再現できればとも考えているとのこと。

廃墟!

工場跡地というより、まるで要塞のように佇んでいる

猫ではなく猿がいるのには理由があります

トロッコで炭抗跡地に入っていけるので、時間があればぜひ体験してみてください（まる）

橋からの風景はとてものどかでなごみます

トンネルを
くぐると
猫村

猴硐猫村
（ホウトンマウツゥン）

MAP A-③

世界中の猫好きが集まる聖地

駅についたところから期待を裏切らない。人なつっこい猫ちゃんたちが出迎えてくれます。駅の山側のエリアにカフェやお土産屋さんもある、猫村エリア。可愛い猫ちゃんには、写真待ちの列ができることも。

1位

看板猫BEST3

店主(人間)がいなくても、
猫がいればOK。
勝手に、上位３匹を発表！

2位

3位

テーマパークではなく、普通に人が住んでいるエリア。最低限のマナーは守ってたのしんで

十分老街
（シーフェンラウジェ）

MAP B-①

両脇のお店ギリギリまで電車が入ってきます

ここは台湾の中でももっとも神様に近い場所と言われ、訪れるだけで「幸せになれる」というラッキースポット。名物の天燈に願いを込めて空へ飛ばすと、さらに願いが叶うことでしょう。

天燈を上げさせてくれるお店がいっぱい。どこも値段は一緒なので（色数によって150元～350元）"ピン"ときた店を選んで（ケンゴ）

願いごとは日本語で書いても、英語などでもOK!

平渓天燈節

旧暦で最初の満月が昇る「元宵節」に開催されるお祭りです。夜空に無数に上がるランタンはとても幻想的。

十分瀑布
（シー フェン プゥ プゥ）

MAP B-②

台湾のナイアガラと言われる滝

落差約20メートル、幅約40メートル。台湾に滝はたくさんありますが、カーテン型の滝としては圧巻の台湾最大レベル。たっぷりのマイナスイオンに癒されて。

この階段を下って、滝の間近まで接近してみよう

駅前にあるお店で購入可能

恋愛成就

中埔鐵橋は、通称「情人橋」

駅前にある緑のポストは願いを届けてくれるという伝説が

「菁桐礦業生活館（MAP C-②）」には竹筒がたくさん

菁桐
（ジントン）

MAP C

願いが叶う恋人たちの聖地

昔、駅員さんが、街で働く女性への恋心を、竹の筒に書いて伝えたことに由来した「許願筒」が名物。こぢんまりとした駅前の商店街はノスタルジックな雰囲気。

菁桐名物である「雞捲」（鳥と野菜のすりみ）

「菁桐日式宿舍群」日本家屋のあるエリア

菁桐鐵道文物館
（ジーン トーン ティエダオ ウエン ウー グワン）

MAP C-①

鉄道グッズいっぱい

駅構内にあるこちらのお店は、オーナー自らが鉄道ファン。電車好きの人も大満足な、平渓線に関連するグッズが充実の品揃えです。旅の記念品をゲットして。

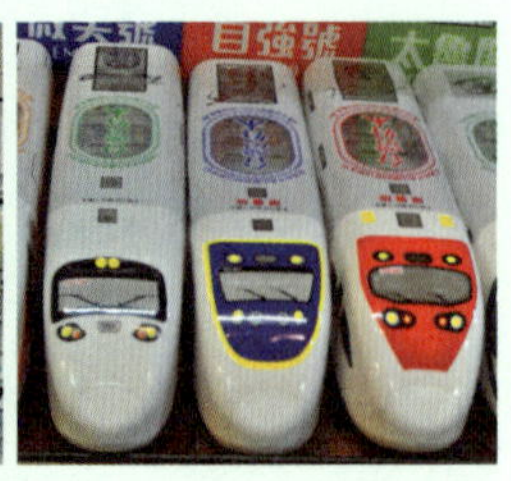

電車の模型や切符もあるよ

菁桐天灯派出所（平溪分駐所）
（ジーン トーン ティエン ドゥオン パイ チュウ スゥオ（ピーン シー フェン ジュ スゥオ））

MAP C-③

珍しいLEDランタン

毎日16時～19時（土日祝日は20時まで）、30分おきLEDランタンのライトショーがあり、建物の2階でメッセシカード（150元）を購入すると、自分のメッセージが表示可能。

波麗士許願天燈（ポリス願いごとランタン）

美人オーナーにいれていただくお茶は格別

お茶は１袋(100グラム) 400～850元。素敵な茶器なども販売しています

「請告訴我怎麼泡茶」(チーンジアウウォゼンモーバウチャア)とお茶のいれ方を教えてもらおう(ケンゴ)

三徑就荒 Hermit's Hut

(サン ジン ジョウ ホワーン ハーミッツ ハット)

MAP D-①

お茶の世界は一期一会

オーナーは、若い人にもっと生活の中にお茶を取り入れてほしいという願いから、この店をオープンさせたそう。畳の座席もあるのも魅力。素敵空間でレトロだけではない台湾の今を感じよう。

チャージ(250元)
+お好きな茶葉
(400元～800元)

GUMGUM Beer & Wings 雞翅 酒吧

（ガムガム ビア アンド ウイングス
ジー チー ジョウ バー）

MAP D-②

嫩蛋起司雞肉煎餅（330元）

クラフトビールとチキンウイングの店

台湾でも増えてきたクラフトビールのお店。厳選したビールが220〜250元で飲めて、450元でお店厳選の5種類飲み比べもできます。フードメニューも充実しているので、夜市では味わえない台湾の夜をたのしもう。

剛剛有三寶（560元）

男生最愛香蒜薯條（180元）

台湾あれこれ

台湾と台北の基本情報あれこれ。同じアジアでも日本と違うルールもあるので、旅に出かける前に予習していこう。その他、旅に欠かせない交通情報や会話集なども活用して

台湾の基本情報

台湾

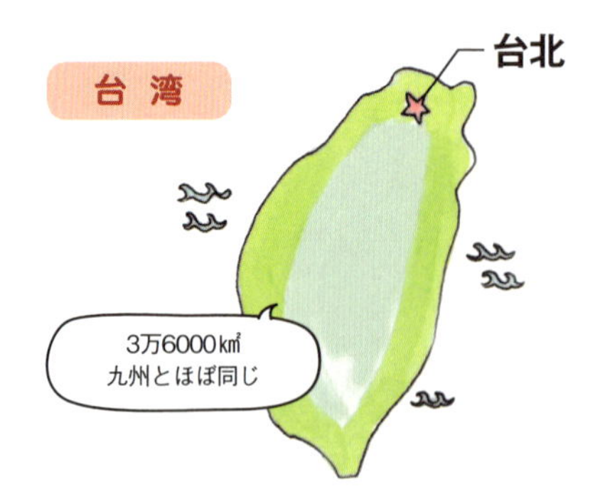

時差

日本時間マイナス1時間
時差がないので過ごしやすい

飛行時間

3.5時間～4時間

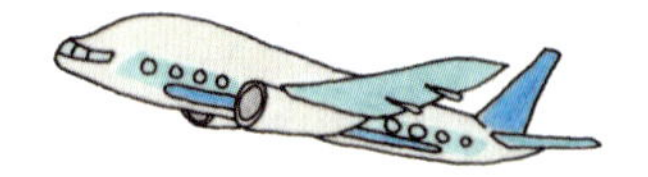

日本からは直行便が運航。台北松山空港と桃園国際空港、ふたつの空港があります

言語

一般的に北京語。ホテルや土産物店では、日本語や英語が通じることも

電圧

電圧110V
周波数60Hz

プラグの形状も日本と同じ。
基本的にアダプターなどの
器具はなしでOK

物価

1元＝3.8円

※2018年4月現在

ミネラルウォーター（20～60元）

缶ビール（30元）

テイクアウトコーヒー（80元）

タクシー初乗り（70元）

両替

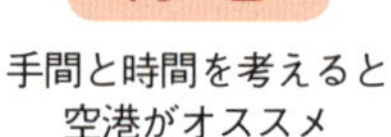

手間と時間を考えると
空港がオススメ

安い　市内の銀行 ＜ 空港 ＜ ホテル・デパート ＜ 日本　高い

気候

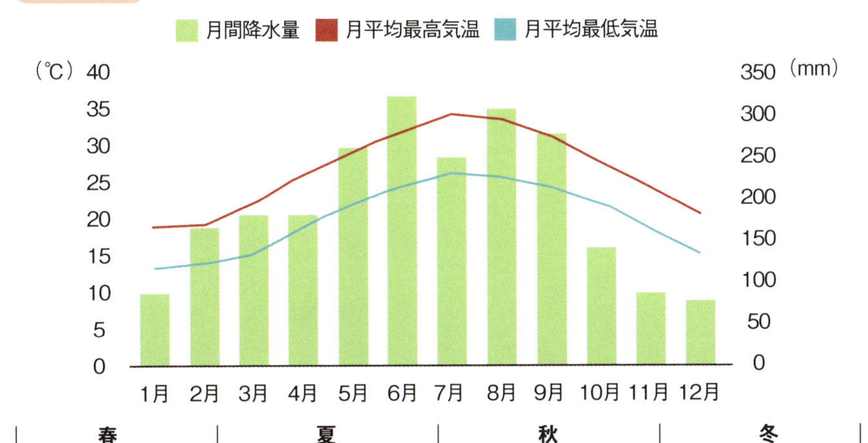

春	夏	秋	冬
4～5月 日本の初夏 **5月下旬～** 梅雨入り	**6～8月** 日中は30℃超 **8～9月** 台風の影響	**9～11月** 過ごしやすい気候。 ただし日中と朝晩の 気温差に注意	**12～2月** 日本の春位の気候。 防寒着を重ねて 温度調節を

服装

エスカレーター

右側が立ちどまる用、
左側が歩く用。
日本でいうと、
関西地方と同じ

バイクに注意

どんな人ごみや細い道でも、歩行者に混じり
どんどん突っ込んできます

飲料水について

市販のミネラルウォーターがベスト。
水道水は硬水。
飲む際は必ず煮沸。

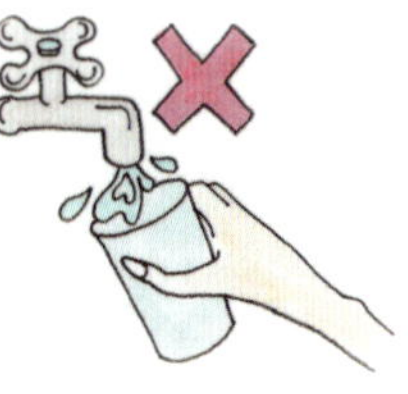

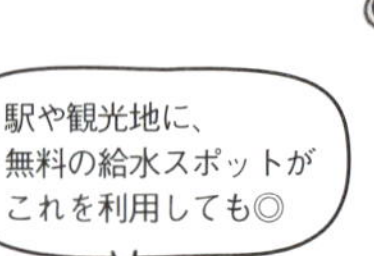

トイレ事情

政策により変わりつつあるが、
トイレットペーパーは
ゴミ箱に捨てる

車は右側通行

日本とは逆なので、道路を渡る時は
気をつけないと慣れるまで危険

あると便利な持ち物

サングラス

エコバッグ

ウエットティッシュ

ティッシュ

折りたたみ傘

■**ビーチサンダル**　シャワーだけのホテルも多いので部屋の中で使用

■**くすり**　日本の物も多く売ってはいるが、持参していったほうがが安心

■**ポストイット**　筆談する際にもっていると断然便利。どんどんつかおう

■**ジッパーつき袋**　濡れた物を入れたり、食品の保存用やゴミ袋にもなる

便利なアプリ

Googleマップ

事前に台北の地図データをダウンロード・保存すれば、オフラインでも使用OK

Google翻訳

キーボード入力と音声入力、スマホで撮影した写真をなぞると翻訳する機能も

台北捷運Go

対応言語は現地語と英語だが、MRTの路線図を簡単に確認することが可能

台北等公車

バスの路線図を案内してくれて、所要時間・停車するバス停もわかるので便利

台湾路線図

MRT・台湾全土の鉄道・新幹線まで網羅した路線図＆乗り換え案内アプリ

文字拡大メモ

メモ帳に文字を入力し、その文字を見やすいサイズに拡大することができます

Wi-Fiについて

•日本でモバイルルーターを手配
•現地でのFree Wi-fiを使用

台北では空港、MRT、ショッピングセンターやカフェなど各所で無料Wi-fiに接続可能。インターネットでの事前登録や空港などでも登録可能な、「Taipei Free」や「iTaiwan」も便利

※注意　通信料が高額になるのを防ぐため、スマホの設定は「機内モード」をON、「モバイルデーター通信」をOFFにするのを忘れずに

空港から台北市内への交通

	タクシー	MRT	バス
台北桃園国際空港から	■乗り場 第1・第2とも1階到着ロビーの外に乗り場 ■料金 1200元～1500元 （目的地によって異なる） メーターに表示される料金以外に、高速道路の通行料が別途必要になる ■運航時間 終日 ■所要時間 60分～ （渋滞の場合は遅れることも）	MRT桃園機場線 ■乗り場 第1ターミナル：機場第一航廈駅 第2ターミナル：機場第二航廈駅 どちらも空港の地下2階 ■料金 160元（台北車站駅まで） ■運航時間 5時57分～23時57分 15分間隔で運行 ■所要時間 約35分（直達車） 約45分（普通車）	■乗り場 到着ロビーのある1階外 ■料金 110元～140元 （チケットは1階バスカウンターで購入。4社のバスが運行ルートを確認して購入しよう） ■運航時間 終日。15～20分間隔 ■所要時間 50～80分 （渋滞の場合は遅れることも）
台北松山空港から	■乗り場 国際線ターミナル正面出口前 ■料金 70元 （目的地によって異なる） ■運航時間 終日 ■所要時間 10分～ （渋滞よって遅れることも）	MRT文湖線 ■乗り場 空港前に松山機場駅がある ■料金 20元～（目的地によって異なる） ■運航時間 6～24時。4～5分間隔 ■所要時間 16分～（目的地によって異なる）	■乗り場 バスチケットカウンターは1階 ■料金 15元～ ■運航時間 5時～22時20分 （路線によって異なる） ■所要時間 15～30分 （渋滞によって遅れることも）

＼深夜便の際に便利！／
桃園国際空港第1ターミナルの無料ラウンジ

24時間利用可能・無料の公共ラウンジ「Airport Experience Zone（機場體験區）」は、桃園空港第1ターミナルの出国審査場を抜け、搭乗ゲートに向かうまでの間にある航空会社の上級会員向けラウンジが集まるエリアに設置されている。同空港を出発するフライトの搭乗者であれば誰でもつかうことができ、スマートフォンやPCを充電するための電源やテーブル、そして無料でシャワーを利用することも可能。

※情報は2018年4月時点のものです。

台北市内の交通

タクシー

■ メーターごと制。1.25kmまで70元。以後200mごとに5元追加。
(時速5km以下の走行は、1分20秒ごとに5元追加)
※23時～翌6時は深夜料金として20元加算
■ 運行時間:終日

バス

■ 一段(市内中心部)
一律15元　二段(遠方)は30元
■ 5時台～23時台
(路線によって異なる)

MRT

■ ゾーン制。市街地の移動なら、20～40元(悠遊卡使用で2割引)
■ 改札に入ったら全面飲食禁止
(アメやガムも×)

■ 博愛座(シルバーシート)

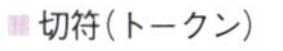

■ 切符(トークン)

コイン式の切符。紙ではない点が、環境保護の視点でもとてもよい

多国語対応の券売機。もちろん日本語もあるので、安心して購入可

■ 悠遊卡(ヨウヨウカー)

台湾鉄道・バスも使用可能。チャージはMRTの駅かコンビニなどで

便利なシェア自転車 Youbike

台北市内全域に200以上のステーションがある。旅行者には、事前登録の必要がないクレジットカードでの利用が便利です。
■ 料金
最初の4時間は30分10元～

台湾あれこれ

旅でつかえる中国語

簡単なあいさつや、買い物や移動につかえる中国語集。観光客に優しい台湾の人たち。
帰るまでに、感謝をもってひと言話しかけてみよう。きっと喜んでくれるはず！

「你好」
（ニーハオ）
こんにちは！

「對」
（ドゥイ）
そう

「再見」
（ザイジェン）
さようなら

「開心」
（カイシン）
うれしい

「謝々」
（シェーシェー）
ありがとう

「好玩」
（ハゥワァン）
楽しい

「帥」
（シュワイ）
かっこいい！

「喜歡」
（シーファン）
好き

「可愛」
（コーァ アイ）
かわいい

「洗手間」
（シイ ショウ ジエン）
トイレ

タクシー利用時のあれこれ

タクシー乗り場はどこですか？

「請問計程車招呼站在哪裡？」
（チーン ウエンジー チョン チャーァ ジャオ ホゥ ジャン ザイ ナー リー？）

すみません、どこでタクシーに乗れますか？

「請問一下、在哪裡可以搭計程車？」
（チーンウエンイシャ、ザイナーリー コーァイーダージー チョン チャーア？）

（住所を見せて）私はここに行きたいです。

「我想去這裡」
（ウォ シアーン チュイ ジェイ リー）

大きな数の読み方

100:イーバイ
1000:イーチェン
10000:イーワン

「請給我○○」
（チーン ゲイ ウォ○○）
これをください

「外帯」
（ワイダイ）
テイクアウト

「公車、巴士」
（ゴーン チャーァ、バー スー）
バス

「請告訴我你的Facebook」
（チーン ガオ スゥ ウォ ニー ディーfacebook）
FB教えて！
（台湾では友達になる時
facebookを交換することが多い）

「多少錢？」
（ドゥオ シャウ チエン？）
おいくらですか？

（ザン）
いいね！

「買單」
（マイタン）
お会計をお願いします

「好吃」
（ハオ チー）
美味しい！

「老板」
（ラウバン）
店長さん！

（シャウ ジエ）
お姉さん！（店員を呼ぶ時）

現地在住人オススメのルート通りに行くだけ!
いちばんかんたん&たのしい
大人の台湾案内
台湾在住スタッフ編

2018年7月10日　初版発行

Photographer　小林賢伍（ケンゴ）
Coordinator　Tang Maru（まる）

Editor & Writer　大川優子（SUPER MIX）
Assistant　佐藤美樹（SUPER MIX）
天野茂美
今野文子
Art Director　市原シゲユキ（SUPER MIX）
Designer　篠崎香織
吉村安代
Illustrator　Sakurako
Map　フロマージュ

Cooperation　新北市政府観光旅遊局
曹敏書

Producer　成澤景子（SUPER MIX）

発行者　横内正昭
編集人　青柳有紀
発行所　株式会社ワニブックス
〒150-8482
東京都渋谷区恵比寿4-4-9　えびす大黒ビル
電話　03-5449-2711（代表）
03-5449-2716（編集部）

ワニブックスHP　http://www.wani.co.jp/
WANI BOOKOUT　http://www.wanibookout.com/

印刷所　株式会社光邦
製本所　ナショナル製本

　ISBN 978-4-8470-9695-2